教子圣经

外交官爸爸给儿子的信

成长容易，成才不易，且行且自律

良石◎编著

海潮出版社
Haichao Press

图书在版编目（CIP）数据

教子圣经：外交官爸爸给儿子的信 / 良石编著. --北京 ：海潮出版社，2014.6

ISBN 978-7-5157-0654-2

Ⅰ.①教… Ⅱ.①良… Ⅲ.①家庭教育 Ⅳ.①G78

中国版本图书馆CIP数据核字（2014）第099078号

书　　名：教子圣经：外交官爸爸给儿子的信

作　　者：良　石

责任编辑：张　莉

封面设计：颜森设计

出版发行：海潮出版社

社　　址：北京市西三环中路19号

邮政编码：100841

电　　话：(010)66969738（发行） 66969751（编辑）66969746（邮购）

经　　销：全国新华书店

印刷装订：北京中创彩色印刷有限公司

开　　本：787mm×1092mm　1/16

印　　张：12.5

字　　数：160千字

版　　次：2014年6月第1版

印　　次：2014年6月第1次印刷

ISBN　978-7-5157-0654-2

定　　价：25.00元

前言
PREFACE

古往今来，有多少格言、箴言阐述关于修身养性、生命的价值、成功的真谛，声如洪钟响彻，告诫我们“如何作为”，而价如灿金，真如宝玉，经典流传，广为引用。这些饱含父子亲情和人生智慧的教子家书何尝不是呢？查斯特菲尔德勋爵集几十年的心血，“修炼”关于为人处世的哲学艺术就像所罗门的箴言一般古老，它们在作者极富文学魅力的灵动笔触和温文尔雅的优雅辞藻的字行中，把自己多年的处世经验和期望一字不差地告诉儿子，就像传播福音一样浇灌其心灵，涤荡其灵魂。而且，不乏在轻松的幽默、清晰的表述、准确的判断、智慧的启迪中，传递出一股独特的力量。

书一经出版，便在英国上流社会广为流传，风靡于整个欧洲大陆，并名列欧美200年来青少年素质读物最佳畅销书第一名，成为一本世界经典的励志名著，被誉为是一本“一部使人脱胎换骨的道德和礼仪全书”、“有关男人品性教养、处世礼仪的权威指南”、西方贵族式“绅士教育的教科书”、“培养最杰出的青少年、造就最优秀的男子汉的经典教科书”。牛津大学出版社更是将其列入该社《世界经典》丛书之一，成为有史以来培养高雅男人的最受推崇的家书！

1728～1732年间，查斯特菲尔德勋爵在荷兰海牙认识了一位女家庭教师，并与其生下一子，取名菲利普·斯坦霍普。在菲利普·斯坦霍普未满6岁时，查斯特菲尔德勋爵就开始给他写信。在信中，查斯特菲尔德勋爵把自己的人生经验（比如待人接物的基本准则、礼仪、生活、事业等众多方面所应具备的必要品性）毫无保留地传授给儿子，希望通过贵族的教育模式，使他成为一名同龄人的楷模、全英国最优秀的人物。工夫不付有心人！菲利普·斯坦霍普欣然接受外交官父亲的悉心教导，最终成为英国一位杰出的外交家。

相信在阅读过程中，您将会发现，查斯特菲尔德勋爵以书信的方式就事论事，在品行道德、礼仪风范等方面给孩子做精心的指点和陪伴。在字里行间，他如此率真、坦诚，不仅体现出作者的文学造诣，而且深刻流露出他对儿子的浓浓爱意。从这个角度上说，查斯特菲尔德勋爵是名副其实的导师，又是朋友。在书信中，他给菲利普·斯坦霍普提出了许多中肯的建议。比如，他告诉儿子，要珍惜时间，不断地学习新知，培养自己的优雅气质和良好品性，博得人们的好感；不要以血统高贵和头衔为荣，要有奋斗的目标；在学习生活中，要适度放松，劳逸结合，注重健康……

世上的任何事物都是一分为二的。当然，如果从现在的教育模式以及孩子的成长的不同环境来看，信中的有些观点也不免有偏颇。例如，在社交场合，极其注重赢得人心，要求达到品性上的十全十美，有时候甚至不惜失去自己的尊严和个性；与贵族女士交往的是跻身上流社会的一个跳板；任何时候都不要接触下流社会人物，等等。对此，有的人曾指出这是带有明显阶级色彩的思想，甚至指责它们是“马屁精”；有的人认为这种教育模式和理念过于强制性……因为这些都与当时的历史现实、社会环境密不可分，并非作者本人纯粹的生活、教育、礼仪、情感、事业等方面的观点。这些书信不仅展现了作者对社会、人性、商业、人际关系的深刻洞察，对“优雅”的推崇，而且让我们体验到当时英国绅士的礼仪风气。

因此，不妨说这是一本教人如何获得他人信任的人际关系宝典，尽管这本书中的某些观点未免有教人谄媚之嫌。实际上，对于正在融入世界一体化的国人来讲，查斯特菲尔德勋爵传授的这些“入世”知识，不失是一种助你步入“高贵”生活的捷径。

本书精心遴选编译了查斯特菲尔德勋爵写给儿子的书信，在编排上，并非依据时间的顺序，而是按照不同的主题，分为五个章节，每封书信立足一个核心。使书信在结构上更显得有条理。此外，在每封书信中，作者不乏会涉及谈到一些偏离核心或意义上重复的其他话题。为此，在尽可能忠实于原文的基础上，也作了一些调整与删改。在阅读的时候，您一定要辩证地看待这些书信，或会心一笑，或者豁然开朗，或“取其精华，去其糟粕”，并加以实践，形成一种人生的智慧，助力您在人生的旅途中走得顺利。正如这段话所言：“一个人要想主宰自己，仅凭一种好奇心理去接触新的思想是远远不够的。你还必须下决心保持精神愉快，对使你产生惰性的思想提出质疑并彻底加以摒弃。”

人的一生都在不停地行走中……俗话说：“良药苦口利于病，良言逆耳利于行”。一滴墨水可以引发深沉的人生思考，一杯水可以令人体悟生活的真谛，一个忠告可以改变一个人的思想，甚至可以改变一个人的命运。希望这些家信能成为您人生旅程中的一本静心读物。认真阅读它，也许，你将获益匪浅。

致儿子的一封信

亲爱的儿子：

当你来到这个世界的一刻，我就在心底大声地告诉自己："你是我生命中的伟大奇迹！你是我全部爱的结晶！你是我一生的最大希望！你是英国、欧洲大陆，乃至全世界上最优秀的孩子！我为拥有你而感到骄傲和自豪，这是一件多么幸福的事情啊！"

的确，我是幸福的，也是幸运的。可每每一想到这儿的时候，我就不由自主地感到心潮澎湃，与此同时，也产生一种担忧：你那纯洁、天真、善良、稚嫩的心灵将如何面对这变幻莫测的世界？如何过好自己独一无二的生活？因为这个世界很精彩，也很复杂。我从来没有告诉过你它有太多人性的复杂，更不愿意惊扰你童话般的梦幻心境。可是，你要一天天的长大，有自己的路要走，而我无法给你太多（除了给你生命），更不可能陪伴你一生。说心里话，我多么不想你长大啊！然而，这是永远不可能的事情，我知道。

在广袤的非洲大草原上，生活着羚羊和狮子。每天当太阳升起，金色的曙光照射在一只羚羊身上时，羚羊醒来了。它所想起的第一件事就是它奔跑的速度要比跑得最快的狮子还快，不然就会落后，被狮子吃掉。而同时，当狮子醒来时，它同样懂得自己必须追上跑得最慢的羚羊，否则，它就会遭到饿死的下场。在大草原上，年复一年，日复一日，每天清晨，当太阳升起的时候，几乎同时，不管狮子还是羚羊，为了生存，它们都朝着太阳的方向不停地飞奔……

故事虽短，却内涵深刻。一个是自然界兽中之王，一个是食草的羚羊，等级差异，实力悬殊，但生存却面临同一个问题——如果羚羊快，狮子就被饿死；如果狮子快，羚羊就被吃掉。我国著名的生物学家、进化论的奠基人达尔文说过：“物竞天择，适者生存。”这是世界上一条永恒不变的自然法则。这个世界上充满了激烈的竞争，自然界中的各种生存法则同样适用于人类社会。每个人初生时都是一样的，不可避免地要面对人生中的各种挫折和磨难。然而，随着环境的变化，有的人变成了羚羊；有的人变成了狮子。其实，究竟你是羚羊或狮子，这并不太重要，重要的是当每天太阳升起的时候，你都在奔跑，不管是被吃掉，还是饿死！

亲爱的孩子，人生苦短，转眼即逝。没有人不希望获得成功，过上美满幸福的生活，成为一个令人尊敬和敬仰的人，可最后走到成功目的地的人少之又少。这是什么原因导致的呢？人生走过的是时间，走不过的是回忆，人生是一条回忆铺就的路，不管坦途顺畅还是泥泞坎坷……人生之路并非一帆风顺，一个成功的人生也非那么随意简单获得。但是，只要你能接受这些对你人生的考验，成功的希望就会涌向你的怀抱，实现你人生的价值，体会那充实而幸福的生活。

接下来的几年，尤其是你迈入成人之列前的这段时间——正可谓“黄金时光”，它将对你的人生产生深远的影响。为此，我会不惜一切代价让你接受最好的教育，让你学到世界上最纯正、完美的优雅举止，成为一名上流社会的佼佼者！在这儿，我决定把我所有的人生经验和体悟毫无保留地传授给你，希望能给你带来一些有益的帮助，以使你在未来的人生之路上走得更好，更远。

我对你寄予了太多的希望，因为我爱你。我相信你一定会实现这个美好的愿望。我的孩子，诚挚地祝福你：一生快乐、幸福！

永远爱你的父亲

查斯特菲尔德

目录
CONTENTS

第一章　时间铺就人生

第二章　学习改变命运

第三章 品格完美人性

第四章 魅力提升人格

第五章 交友完善人脉

世界上哪样东西是最长又最短的，最快又最慢的，最能分割又是最广大的，最不受重视又是最受惋惜的，没有它，什么事都做不成，它使一切渺小的东西销声匿迹，使一切伟大的东西闪出耀眼的光芒呢？时间——是构成一个人生命的材料。每个人的生命有限，属于每个人的时间也是有限的。而人生是一个永恒的话题，我们无法轻易地谈起，却依然要面对。于是，有人说，人生走过的是时间，是一条时间铺就的路。其实，人生就像一本书，情感真实，内容复杂，过程比结果重要。然而，要看你如何去把握、去实现你人生的价值，从而做到无悔人生。在人生漫长的旅途上，也只有不停地奋进，不停地创造，才能够实现时间的真正含义。时光飞逝，请珍惜时间吧！

第一章

时间铺就人生

第1封信　时间易逝，请多珍惜

燕子去了，有再来的时候；杨柳枯了，有再青的时候；桃花谢了，有再开的时候。但是，聪明的，你告诉我，我们的日子为什么一去不复返呢？

——朱自清《匆匆》

亲爱的孩子：

我想让你知道的事情太多太多了，但是你知道吗，没有哪一件比今天要说的更重要，那就是时间的宝贵。尽管每个人都在说“时间易逝请多珍惜”，但是，能够身体力行的人很少，那些整天说些废话，做些无聊的事的人，白白地浪费了每分每秒，恰恰证明了时间的可贵和易逝。

无论你走到哪里，都能在公共场所的标志性建筑上看到醒目的时钟，那“滴答！滴答！”的声音有力而富有节奏，它时刻在提醒人们：请珍惜时间，充分利用。于是人们内心自然产生“时间一去不复返”的感觉。有的人视时间为沙尘，白白浪费终生一事无成，终其一生才知道时间的重要性。

只知道时间的重要性还不够，要付诸实践。从你的来信中，我很高兴能看到你现在能够合理安排、利用你的时间。这就相当于你给自己的未来投入大量资金，随着时间的增加，它会积蓄出很多利息，给你带来更多的财富，带来更多的回报。现在你正处于漫长人生道路上的关键时期，我希望你合理安排利用现在的时间。

记住，在你18岁之前，必须奠定牢固的基础知识。就像种下一粒种子，多年之后它就会变成一棵大树，在我们需要的时候为我们挡风避雨。一旦踏入社会，你要忙于工作和社交，就别再希望有时间花在书本知识的学习上了。这几年，你花在学习上的时间越多，就能越早的成功，你越能合理有效地利用时间，你的成就就越大。如果你在此阶段不努力，让时间悄悄溜走，那么在你这个年龄应该获得的知识量肯定会大打折扣，对你以后的人生旅程来说，绝对是很大的损失。

我知道有这么一位绅士，他非常善于安排自己的时间。例如，他买回来一本贺拉斯的书，每次都把书两页两页地撕下来，随身带到一个地方阅读，之后将其付之一炬。通过这种方式，他积累了大量的知识，同时节省了很多时间。我希望你以他为榜样，并不是烧掉你的书，而是强迫自己牢记读过的每一本书。

我周围的人都认为我这一生没有什么可遗憾的，对我非常尊敬，也十分敬佩。但是只有我自己知道，在我年轻的时候，也有过无所事事，十分懒散地让时间流走 。所以我向你大声疾呼：要有意义地利用好眼前的大好时光，这是一条非走不可的路。

第2封信　抓住现在，充分利用

> 时间的步伐有三种：未来姗姗来迟，现在像箭一样飞逝，过往永远静立不动。
>
> ——席勒

亲爱的孩子：

你现在正是年富力强，生机勃勃，充满朝气的年龄啊！身体方面即使不做出什么努力，不经常锻炼，也不会有什么健康方面的问题。但是头脑方面就不是这样的了，尤其在你这个年龄段，充实自己的头脑，努力吸收知识（当然也要适当休息）是非常重要的。如何有效利用眼前的每一分钟来充实自己的大脑，同你未来大脑能发挥多大的功能有相当大的关系。我的意思是希望你现在的生活过得紧张而充实。活得精彩，不光为自己赢得荣誉，也要对社会作出贡献。那些对生活充满希望的人，是不会有片刻的懈怠和懒惰的，我们唯一能把握的、最宝贵的时间就是“现在”。对你而言亦如此。

人们只有经过非常专门的训练，才能使头脑处于活泼、健康的状态。这一点其实不需要懂得高深的脑科学就能一目了然，你只要拿一副训练过的头脑同没有经受过训练的头脑做一比较，就会知道它们的差异竟如此之大！我相信你不会无视这种差异，而不去为训练自己的头脑付出努力吧！

当然，我也不能排除，在这个世上，也有不经过训练，就有一副天生的好头脑的人。这类人如果有的话，也许就是人们所认为的天才吧。但是这类天才可以说是非常稀罕，而且也是可遇而不可求的。我还要奉劝人们的是，即便是这样的天才，经受训练也是有百利而无一害的。道理很简单，如果这类天才在自己天赋的基础上又得到了与常人一样的训练，这不更能帮助他取得更伟大的成就吗？所以，应该趁着青春还在，毫不吝惜自己的努力，去储存尽可能多的知识。如果做不到这一点，别说是要做到出人头地，简直可以说是毫无前途。

考虑一下你自己的处境吧！与别人相比，我们并不具备足够的助你成功的地位与财产，作为我们唯一的本钱，我在社交圈到底能待到何时也是一个未知数。而且你要面对的一个非常现实的问题，当你要步入社会时，我大概已经退休了。到了那时，你能以什么作为依靠呢？我想，除了你自己积累的力量外，可能别无他物了吧！因此，充实自己，不但是你唯一的路，而且也是你非走不可的路。

我常听到有人这样抱怨：我是一个如此优秀的人，我哪一点也不比别人差，为何没有得到应有的回报？！但是，根据我对这些人的观察，事实并非如此。他们在看待自己和他人时总是戴着一副偏爱自己的有色眼镜。我想，我可以这么武断地认为，这个世上确有不少被埋没的人，但是，对于一个优秀的人来讲，不论他处在何种逆境之下，也一定可以取得某种程度的成功。

你目前对时间的安排和利用我非常满意，但是你能做到持之以恒吗？我希望你安排好每天的时间，充实哈特先生为你建立的知识宝库，抽出一点时间关心自己的事情，就像其他谨慎的人那样把事情安排得有条不紊。最主要的是与上流人士和时尚人士娱乐，而不是沉溺于下流可耻的娱乐活动，那是我无法容忍的。放心，我会为你支付任何必要的娱乐费用。我承认，上流社会的娱乐活动并不都是严肃而有意义的，许多上流社会的人偶尔也会贪杯或是贪食，但是绝对不会沦为酒鬼或是暴食者。比如，你可以模仿其他人大胆地向贵妇人献殷勤，而不必担心玷污自己的名声，因为这在上流社会是稀松平常的事情，这样做还会让你的举止更加优雅。在上流社交圈里，游戏就是游戏，不会变成赌博，也不会给你带来危险或是麻烦，也不会有什么不光彩。

我以我多年的社交经验忠告你，也不强迫你马上接受，等你有足够的判断力时，就会相信这些忠告是多么合理，多么有用。现在不要荒废意大利语的学习，你可以经常说几句，或是阅读一些意大利文的名著，花上半年的时间掌握它然后永远不要忘记。现在你知道得越多以后忘记得就越少。

第3封信　大事小事，专心致志

> 天下难事，必作于易；天下大事，必作于细。
>
> ——老子《道德经》

亲爱的孩子：

不管你做什么事，要么不做，要么全力做好，一心一意，专心致志最重要。没有任何一件事是可做可不做的，一旦决定做的事情，就应该付出你的全部精力。除了正在做的这件事，其他的事情都不要想。不仅学习如此，游戏的时候也是这样，一样需要认真地态度。如果你在这两种场合都不能集中注意力，学习的时候想玩，娱乐的时候又惦记着学，那么什么事情都不会有进展，你也不会感受到学习或是娱乐带给你的什么快乐。

我听说你不仅认真学习，态度积极，理解力和感悟能力也大大提高了。如果你能将这一点坚持下去，往后的学习就会轻松愉快多了，学习越努力，学习带来的乐趣就会越多。依我看来，一个人的努力程度和从中获得的满足感是成正比的。希望你在今后的学习中千万不要忘了我对你的忠告：集中精力做好每件事，凡事善始善终不要漫不经心，千万不要漫不经心。

假如有这样一个人，头脑里想着逻辑问题，还在参加社交晚会或是与名流共进晚餐，那他尽管跟大家在一体，却丝毫不会感到与朋友聚会的乐趣。不仅如此，由于心不在焉，他还会做出一些异常的举动，让大家感到莫名其妙，从而也就使自已脱离了群体，不会受欢迎。同样，如果一个人一边在实验室里研究问题，一边想着上次听到的音乐，即使是高雅的音乐，他也不会成为优秀的科学家或音乐家。

一次只做一件事并不是说一天只做一件事，一天里如果有充裕的时间，还是可以完成好几件事情的。可是如果你在同一时间同时去做几件事，即使给你一年的时间，几件事情都不会成功，你也不会有什么成就感。

有的人一天从早忙到晚，晚上睡觉前躺在床上回想今天干了什么的是时候，总是感叹“一件正经事没干”。即使看了两三个小时的书，只是停留在文字表面，到底有什么感悟，收获了什么人生哲理，一点想不起来，甚至想不起书里的内容。和别人聊天的时候常常是没有一点参与的主动性，不知道察言观色，不知道掌握谈话的主题，因为无法全身心地投入，即使身体在这里，心思却不知道飞到哪里去了。这样的人走进剧场看戏，关注的焦点都在聚光灯、坐在身边的绅士或是贵妇，往往不会把精神集中在戏剧的情节发展上。

我不希望你成为这样的人，与人相处时一定要专心致志，全部精力集中在此时此刻。就像你读书一样，充分发挥你的感悟能力和记忆力，让思想徜徉在书本的文字里，奔驰在作家的情感里。

很多时候我们经常听到这样的话：“有人跟我说话，我好像什么也没听到，什么也没看见，脑海里全是另一幅画面， 思想不知道跑到哪儿神游了？”如果你也有这样的感觉，你应该严厉地拷问自己了：“为什么要想着其他的事情？现在有必要想这些吗？一系列询问之后，你会发现原来刚才脑子里一片空白。”

有些人会提醒你：既然你现在不能好好工作，不如干脆停下来玩一会儿吧，放松放松。但其实这也是一样，一个人注意力涣散了，做什么事情，思想都会游离出身体，即使放下工作参与娱乐，还是不能全身心投入到活动中去，他们已经习惯了颠三倒四，本末倒置，心不在焉。

不论做什么事都必须拼命去做，如果半途而废，倒不如不做更让自己轻松。当你决定是否要做一件事情的时候，就要坚信它有做的价值，或是没有做的价值，不要半路寻找答案，中间放弃。以阅读《荷马史诗》为例，将你的全部精神放在这部作品上，一边想着他写得是否正确，一边学习优美的语言，不能再去想着阅读其他书籍。

第4封信　讲究方法，提高效率

如果说金钱是商品的价值尺度，那么时间就是效率的价值尺度。因此对于一个办事缺乏效率者，必将为此付出高昂代价。

——培根

亲爱的孩子：

最近，我发现你在处理事情上往往浪费很多时间和精力，虽然结果还不错，但是仅仅因为一点小事就浪费大量的时间简直就是可惜呀。很少有人能够精打细算管理好自己的财产，能够合理安排自己的时间，支配自己的人生的人更少。在所有的坏习惯中，恐怕浪费时间拖延、工作效率低下是最难改正的。我真的热切的希望你管理好自己的财富，更要利用好每一分钟，好好考虑自己的未来。

年轻人总是认为自己有大把大把的时间，浪费眼前的时间并不觉得可惜。这种心态就像有钱人浪费金钱一样，大手大脚地花钱，等到发现钱财散尽时才知道酿成大错，后悔不已，但是已经太迟了。曾经的财政部长朗兹先生说过一句话："小钱保管好了，大钱自然无虑。"正是本着这样的原则，他才能够打理好整个英国的财产，为英国积累起巨额财富。

对待时间也是一样的道理，珍惜每一分每一秒，不要因为它的短暂就去轻视它，分分秒秒地浪费一天就过去了，一年下来的时间就难以计数。每个人都有远大的理想，美好的憧憬 ，切实的计划，如果每一项都认真地落实，我们的人生将是多么的成功，生命将是多么的伟大。然而又有多少人真正将自己的人生目标抓住，有计划地施行？是不是都拖延看着理想幻灭。有些人有行动，但是动作缓慢，把时间浪费在无用的细节问题上，而且每天都有不同的事情要做，为什么不能把今天的事情做好做完呢？今天的事情拖到明天，明天的事情又拖到后天，日积月累最后堆积成山。

比如，当你跟人约好十二点在某地见面，你应该十一点就出发，如果你到得太早或是朋友晚到，与其闲逛喝咖啡，不如干点别的事，哪怕是看简短有趣的文章，如此一来，零碎的时间也被利用上了，真正做到了节约时间。还有很多人喜欢阅读《天方夜谭》，在我看来，类似的传奇故事或是神话故事，简直就是轻浮、无聊。我奉劝你千万不要把时间浪费在这种书上，而要坚持阅读各国经典名著，包括诗人，演说家，历史学家的作品。很多人因为懒惰，不知不觉也浪费了大量时间。整天懒洋洋地坐在那打哈欠，心里想着这么少的时间不够用，什么也干不成，结果就真的什么也不干，什么也干不成。像你这样的年轻人，刚刚步入社会，应该什么都表现得积极勇敢，勤恳敬业，不知疲倦，只有好好安排时间，按时完成工作，高效执行计划，才能够积累无穷的知识和巨额财富。

讲究效率是任何事情成功的关键，当然必须讲求方法，坚持到底，除非有什么意外状况，否则不能随意更改。在此，我给你提出几点建议：

珍惜时间。比如，一周抽出一个或几个小时认真核对自己的账目，按一定的顺序整理清楚，以便对自己的开销了如指掌。这样你就有更多的时间安排其他的活动，不至于因为资金紧张阻碍有意义的聚会或是交友。你现在工作了，手头上的论文资料一定多得不计其数，一定要分类存放加以收藏，一旦哪天要用，马上就能找到。阅读同样讲究节约时间，保持持久连贯的过程，不要间断，更要讲究主次。不管你读什么书，都应该随身带着记录本，把喜欢的篇章段落记下来，掌握整本书的主旨，帮助自己加深记忆。阅读历史书离不开地图和年表这样的工具书。

目标明确。做事之前设定明确的目标，从这一点出发，踏踏实实地完成每一步。有了目标一切行动就有了明确的目的，行动才会有积极性，并促使你抓住任何有利的机会。围绕目标制订的计划和实施步骤，更加合理。

不要拖延。发挥自己的主观能动性，按部就班，今日事今日毕。不要让工作堆积如山。

我希望你像其他年轻人一样，按部就班、循规蹈矩地工作，我并不认为这样的方法是在扼杀年轻人的激情和自由。相反，遵守章程和秩序会为你节省很多时间，任何事情都因此变得井井有条，事半功倍。不讲究方法是不可能完成任何事情的。

第5封信　今朝事情，今朝完成

时间最不偏私，给任何人都是二十四小时；时间也是偏私，给任何人都不是二十四小时。

——赫胥黎

亲爱的孩子：

真诚的祝福你：新年快乐！每天开心，有所收获。在新年这个特殊的时期，人们往往会表达心意，说一些祝愿或无伤大雅的恭维的话。对于我们父子俩而言，就不必相互恭维了，坦诚最好！

你知道，我无时无刻不在爱着你，希望你在这个世界上出人头地。这让我更加关心你适应生活的能力，还有你的生活方式和品味。如果你连这一点都做不到的话，我甚至不希望你活在这个世界上。说实话，你值得我这么做，我也相信你一定会用实际行动来回报我的期望。我由衷地为你感到高兴，因为我发现你目前掌握的知识，比与你同龄的年轻人学到得还要多，甚至还超出我的期望。此外，你给自己制订下的目标正将一一实现，为你带来名誉、财富。不过，你在礼仪和口才方面做得还有所欠缺。只要你愿意学习和实践，就一定会让你的言行举止变得优雅。这一点也是我一直担心和期望的，而且我为此不惜任何代价。

谈到说话和礼貌，无论是谁，如果想在上流社会圈内赢得他人的尊重和欢迎，就必须具备优雅的谈吐，风度的举止。而且，参与上流社会的交往活动也有助于提高社交的水平。在这一年中，你去过很多地方，参与过各种各样的社交活动，通过自己的努力学习掌握了不少实用的礼仪。我想，你回英国的时候，已是一名非常优秀的教养之人。

在许多书信中，你也许会发现，我总是围绕礼貌和口才的话题说事儿，如果你因此而感到迷惑或讨厌的话，我只能告诉你：你还没有意识到礼貌和口才会给你带来莫大的好处。当然，对于这样的话题，我不可能一味地说个没完没了。不过，如果你能够清楚地认识到它们的重要性，以及为你带来的诸多好处，并且你愿意掌握它们的时候，我的建议就不会发挥任何作用。

听你说，正在我的忠告指导下，尽力去实践它们。为此，我十分高兴。只要你愿意付出这份心思，你就会获得这些好处。还有，我可不想你在罗马的时候，养成一个怠慢、懒散的坏习惯。因此，不妨上午好好学习知识；下午可以出去走走，增长见识；晚上可以去参加聚会活动。其实，做这些事情，用一天的时间是绰绰有余的。不过，有时候也会出现一些意外情况。比如说，你要去拜访一位优秀人士，不得超过两三个小时吗？那么，你就得从休息的时间中挤出来。有时候，因参加派对不得不花费原计划中更多的时间……不管怎么样，保证一天中至少休息六七个小时，而且早睡早起，这可是一种健康的生活方式。

你知道吗？世界上有两种人：一种人会做一个实际的每日规划，必须完成的什么事情，什么时候完成，并在做的过程中，发现和享受轻松、乐趣。相反，另一种人只知道先享受一番，等自己感到满足的时候，才想到该做的工作和责任。如果让你选择，你会做哪一种人呢？不管你的回复是什么样的，但是对于时间，我建议你要好好认识它的价值。只有真正了解并抓住它，才会让你实实在在享受它给你带来的欢乐。当然，切忌表现出心不在焉、懒惰等神态，今日事，今日毕。

第6封信　张弛有度，学会休息

谁不会休息，谁就不会工作。

——列宁

亲爱的孩子：

请不要把工作带回家！在经历了一天激烈地打拼之后，不少人会将学习或工作上的紧张情绪带回家中，回到家中仍然无法放松……如果你每天遇到这种情况，又不善于调节，少不了让你的身心感到疲惫，难道不是吗？据一项调查研究证明：只会一味埋头苦干、不懂得休息是最愚蠢的工作方法，不但工作效率并不高，而且使当事者容易感到身心疲惫。这实为得不偿失之举！

有人说，疲惫是一种可怕的腐蚀剂。的确是的，它会使容易感到疲惫的人在精神和情绪上容易产生紧张感，降低甚至丧失对事物的兴趣，同时也会造成他对忧虑、恐惧以及各种疾病的抵抗力。随着现代社会竞争愈来愈激烈，生活节奏愈来愈紧张，每个人都承受着巨大的压力。在这种情况下，注意休息或者说学会休息便被迫不及待地摆到大家面前，因为只有张弛有度、学会休息才能更好地做事。就拿工作来讲，事实上，工作不应该成为生活的全部，工作只是为了更好的生活。我们应该是工作的主人，绝不是工作的奴隶。不久前，有一项报告指出："工作紧张是威胁许多在职人员健康的因素"。这一结论明确指出了过度疲惫对人们健康的危害。

那么，亲爱的孩子，如何才能避免疲惫，而达到身心放松呢？以我个人的生活经验而言，就是学会休息。比如：每天我会午睡30分钟，醒来之后，投入工作的精神“倍儿棒”！其实，休息并不是什么都不想不做，而是短暂的修补；休息不是驻足不前，而是为了积蓄能量。尤其在感到疲惫的那一刻，暂停一下手里的事情，让自己全身心地放松，哪怕花五分钟的时间走向窗外望一望、呼吸一下空气、喝杯水、听首音乐、伸伸腰等，就能产生很强的修补功能，使精神顿感轻松，做事的效率自然会提高。同时，也可以起到防“疲”于未然的作用。我有一个要好的伙伴，前不久常常感到疲惫，做事漫不经心。为此，他用了很多办法，甚至吃维生素等营养补品都无济于事。后来，他不得不求助私人医生。医生的建议很简单，就是在工作的时候，抽出一些时间休息，以恢复精力。于是，他听从了医生的建议，采取了有效的措施，使身心得到了良好的放松。

“一个懂得生活的人，他的时间应该分为三个部分：劳动、享乐、休息或消遣。”是啊，在生活的道路上，跋涉是重要的，休息也是重要的。要想充分享受生活，就一定要学会休息。而不懂得休息的人，品尝到的滋味只有苦涩和沉重。

享受本身是一种快乐的事情，并且使人们感受生活的快乐，但它不是生活的主要目标。我觉得，单纯追求享受不是一个有个性、有理想的人该做的事情，尽管没有享受就没有快乐。不过，适宜的休息或消遣是工作的必要准备，是劳动的安慰。你知道，在闲暇时候，我喜欢阅读。这是一项令人心旷神怡的享受。

亲爱的孩子，在这个世界上，不知道休息的人是不快乐的，就像驾车穿行在峡谷的探险者，不懂得刹车。不仅欣赏不到震撼人心的风光，而且会危险无比。所以，你要学会合理安排好自己的时间，适当放松自己，你的生活会变得越来越好！

第7封信　适度放松，陶冶情操

人都需要娱乐和变换兴趣，以防止变得迟钝、呆滞和智力上的闭塞。

——乔义特

亲爱的孩子：

年轻人喜欢娱乐！犹如温斯顿丘吉尔所言：“人生最好有一种正当的娱乐，即使没有财富，也能拥有快乐。”然而，在追求娱乐的过程中，大多数年轻人都遭受过打击。你知道这是为什么吗？因为他们只是笼统地喜欢，别人说什么好他们就盲目地追随，而不考虑自己的兴趣爱好。结果呢？这样的选择带给他们的只是痛苦，而并不是他们一心想要的欢乐！

娱乐自己是人类的最主要任务。像你这个年龄阶段，我也特别喜欢娱乐，往往喜欢听从身边同伴的意见，而从不顾及自己的兴趣爱好。还有一阵子，我受社会潮流的影响，竟然盲目地模仿我所敬仰的人的言谈举止，追求虚有其表的欢乐。所幸，我很快就发现这是一种多么荒唐的行为。为此，我失去了人生真正享受的欢乐。现在想想，我不得不承认，这是对我应有的惩罚……

在这儿，我亲口告诉你我的亲身经历，虽然我也感到有点害羞。但是，我并不是要排斥娱乐，甚或苦口婆心地劝你放弃娱乐。只是想建议你：你要有自己的想法，根据自己的兴趣、性格等因素，去选择适合自己的娱乐方式，不要盲目地追随别人的娱乐，更不要无原则地紧跟潮流。在尽情娱乐的同时，不要过于沉湎其中。总之，你要充分地考虑现在的娱乐方式给你带来的各种后果，最后更加理性地做出选择。我希望这些对你有所帮助！

有一位名人说过："闲适不是一种空虚状态，也不是一段假期。闲适是工作与此同时娱乐的合二为一，并且因为这种结合而变得崇高。娱乐，就像工作一样，是一种活动状态，但这种活动是一种心灵活动，是一种心智的'修养'，心灵为其自身而乐此不疲。"假如时光可以倒流30年，以我现在的经验，我一定会过一种真正闲适、快乐的生活。比如：我会品尝美酒佳肴，但我会适可而止，不至于胃部难受；我会花一些时间广泛阅读，让知识充实头脑；我会积极参加聚会，结识一些有学问、有风度的朋友；我会接触那些思想开放的时尚男女，学习一些时兴的社交礼仪，等等。

我相信，这一切是理性的娱乐方式，是真正时尚的娱乐方式，也是高尚的娱乐方式。正如鹤见佑辅所说："高尚的娱乐，对人生是宝贵的恩物。"一个真正懂得娱乐的人一定会谨遵礼节，至少会主动远离恶习。纵使不幸被恶习熏染，他们一定会适时地采取措施去做，而尽可能不引人耳目。

在这封信中，我还要告诉你，有一种不同于普通意义上的娱乐——那是一种发自内心的、真实的、持久的娱乐。它是由智慧、品德等带来的欢乐。我希望你能好好了解它，体会它！

第8封信　劳逸结合，有益无害

我不知道在别人看来，我是什么样的人；但在我自己看来，我不过就像是一个在海滨玩耍的小孩，为不时发现比寻常更为光滑的一块卵石或比寻常更为美丽的一片贝壳而沾沾自喜，而对于展现在我面前的浩瀚的真理的海洋，却全然没有发现。

——牛顿

亲爱的孩子：

今天我想跟你聊聊学习和娱乐的关系。虽然我多次强调你要努力学习，还要你参加各种社交，高尚娱乐。但是你想好这两者的关系了吗？怎样平衡学习和娱乐呢？我年轻的时候，大部分时间都花在图书馆里学习，期望源源不断地满足内心对知识的渴望。如果我当时能更好地利用每一天来充实自己，强大自己，我想现在我的知识体系会更加完善，人生会更加充实，满足感会更强烈。

年轻的时候积累得知识越多，成功的几率越大，取得成功的时间越早，曾经的辛苦终于加倍得以回报。就像春天播下的种子，精心灌溉时时修剪，日后一定会长成繁密茂盛的大树，为你遮风挡雨。当然，你也要花一定的时间在娱乐上，劳逸结合有益无害。年轻的时候就应该享受青春的快乐，我年轻时很懂得需要什么样的娱乐，头脑非常清楚应该干什么，不应该干什么，而且我明白娱乐的真正价值。我不后悔把时间花在学习和工作上。我既享受娱乐又努力工作，将两者完美结合。所以回头看看过去，我不仅没有什么遗憾，反而相当满足。在别人看来我的生活充满活力，渊博的知识让我在众人面前出类拔萃，深知各种娱乐技巧也让同伴羡慕不已。这些华丽的背后就是我能将学习和娱乐的关系处理得恰到好处，也是我取胜的根源和奥秘。但是我唯一感到后悔的是，年轻的时候也曾无所事事，浪费不少时间，一事无成。

要是能充分利用时间，把分分秒秒加起来，那么它的价值将难以估量；要是毫不珍惜地浪费掉，损失将无法挽回。千万不要设想把所有的时间花在学习上，也不要把所有的时间花在社交娱乐上，两者对你都很重要。他们一个能帮你塑造成社会需要的人才，一个能把你培养成品德高尚的绅士，但是两者都要求你充分利用时间。

我看到过很多头脑懒散、行动缓慢的年轻人，或是漫不经心地玩或是懒洋洋地坐在那里发呆，眼看着时间一点点过去，理想变成泡沫烟消云散。实际上，他们既得不到什么真正的快乐，也没有干成一件大事。跟这样的人混在一起你也会受他们影响，变成他们那样的人。一旦有自己的事情需要处理的时候，就会感到时间不够用，也没有兴趣要去成就一番事业了。

我的孩子，希望我说的这些对你有用。

第9封信　严肃工作，高雅生活

> 不会休息的人就不会工作。
>
> ——列宁

亲爱的孩子：

你现在正值青春，正是喜欢各种娱乐活动的时候，应该尽情享乐。跟学习一样，娱乐也是一种非常重要的事。寻找适合自己的娱乐，也是非常让人快乐的事吧？可是年轻人通常没有找到适合自己的娱乐方式，一味地去模仿别人，既找不到真正的快乐，甚至可能犯下大错。你最好能先问自己，什么是使自己真正快乐的事情。在我们的周围你会发现，一些人一天从早忙到晚，什么事情都想去换插一脚，可到头来什么都没有获得，当然这样的人也是没有什么快乐可言的。只有全身心投入工作，享受工作的人，才能做到“学得踏实，玩得痛快”。

没有人可以离开娱乐而生活，你要学会享乐，并让它成为自己的娱乐；千万不要从别人那里照搬照抄，你得顺着自己的天性寻找恰当的娱乐方式。为此必须付出一定的代价，而自暴自弃的人是感受不到人生的快乐的。

古希腊将军阿尔基比亚地斯就能理智地处理工作和娱乐之间的关系。在言行举止上他不失为一个放荡的人，但是在思想和工作上却极其认真，所以在哲学上取得了令人羡慕的成绩。古罗马帝国的凯撒大帝，也是很好地把精力分配到游乐和工作上，使两者相得益彰，相互配合，尽管他在人们的心目中是一个行为极不端正的人，几乎染指所有的罗马妇女，但事实上他是一个出色的学者、雄辩家、杰出的军队统帅。

一天到晚只知道玩乐的人生，不仅不会让人感到羡慕，而且一点也无趣，这样的行为也是非常可耻的。而每天花一些时间认真学习或是专心工作的人，反而头脑清醒，感觉灵活，能更好地享受其中的快乐。整天好吃懒做的人，喝得醉醺醺的酒鬼，或是沉迷于女色的人，整天过着浑浑噩噩的生活，从来不知道什么是工作带来的乐趣，也不会从过度的享乐中获得真正的快乐，过着行尸走肉的生活。

精神生活层次低的人，只会追求低级的娱乐，热衷于毫无品位的游戏，满足口腹之欲或是感官上的刺激；素质较高的上流人士追求优雅精致的娱乐，结交一些品行道德高尚的朋友，这样的娱乐不失个人品位，不会对其他人构成危险。总之，理智的人不会把娱乐当作正业，沉迷那其中而无法自拔，它只是让人放松、给人安慰的方式。

把你的时间合理分配给严肃的工作和高雅的娱乐吧。你可以效仿一下我的做法：“早上比夜晚聪明。”什么是早上比夜晚聪明呢？就是早上读书，晚上娱乐，明确化分时间，尽量选择适合自己的娱乐方式。你可以利用每天的早上来读书、工作、与学识丰富的人或是上流人士交谈；一旦吃过晚饭之后，就尽量让自己放松，除非发生什么紧急的情况，否则不要占用它，利用晚上的时间尽情地做自己喜欢的事情，比如，和朋友打打牌，玩玩娱乐的游戏，还可以外出看看演出、或是看一场比赛，跟朋友约会吃饭聊天，尽你所能度过一个令自己满足的夜晚。

我上面所写的那些，都是真正了解娱乐真谛的人寻找快乐，放松自己的方法。如果你能向他们一样做到这一点，那么你也会成为一个伟大的人。

只要能够在上午的这段时间集中精神学习，一年下来，你就可以获得相当多的知识了。相同的道理，晚上和朋友一起轻松地玩乐，你则可以获得另一项知识——关于社会上人际往来的知识。早上从书本上学习，晚上从其他人身上学习，如果能够确实实践这一点的话，应该不会再有令你觉得无聊的时间了。我年轻的时候也是个很爱玩的人，而且结交了许多朋友，我想应该没有人会像我这样，在这些事情上注入这么多的时间和精力。有时候我自已也会觉得好像太过分了些，可是，不论如何我还是一定要确保自己读书的时间，如果真的忙到抽不出时间来读书的话，就只好剥夺自己的部分睡眠时间了。前一天晚上不管睡得多迟，第二天也一定要早起，这一点一定要确实固守。除了生病以外，40多年来，我一直保持着这个习惯。

作为一个父亲，我不想绝对禁止你的娱乐，以保守的姿态来压制你的快乐。这些话对你来说相当够分量了，如果你跟那些素质低下的人交往，染上什么恶习，或是生活放纵，不知检点，永远不要指望我会原谅你。

第10封信　亲朋关心，战胜疾病

健康不是身体状况的问题，而是精神状况的问题。

——艾迪夫人

亲爱的孩子：

上次你写信说腿部水肿，这真的让我很担心。我希望你像其他得这种病的人一样，别把自己的病想象得那么严重。要知道，腿部水肿不是一两天就会得的病，这是暂时的现象，应该过几天就会好的，不要大惊小怪，我想是不是因为患了痛风或是风湿引起的呢？我在大概40几年前，就像你这个年纪似的时候，因为发高烧结果腿也肿得很厉害，我当时像你一样怀疑是不是得了什么绝症，马上去找医生，结果医生告诉我，就是发烧引起的，不是水肿症，过不了几天就会痊愈。真得像医生说得那样，我的烧退了腿就好了。随时写信告诉我你的情况，让我对你的病情有所了解，不用太担心。

前一段时间我写信给你，让你暂时不要参加什么聚会了，不知道你是不是按我说的去做。因为就你现在的情况来看，在家好好休息，朋友或是熟人来看看你，陪你在家聊天解闷，比出门参加社交活动更合适。对任何人来说，不管他是健康的还是生病中，孤独都是非常可怕的。人一旦生病闲下来就会胡思乱想，恐怕自己得了什么不治之症，不久于人世。其实这都是没有必要的担心，都是自己吓唬自己。最好找附近教堂的牧师来家里跟你做伴，因为他们很乐于对人传教布道，你又能从他们那里得到心灵上的安慰，减轻身体上的痛苦。

昨天我去看了哈特先生，他也生病在家休养，情况不妙，因为中风的原因，半边身体都不能动弹，说话也不清楚，几乎不能清楚地说出自己的想法。但是他还向我问起你的情况，对你现在的状况表示关切。

你不用担心我的身体，一年多来几乎还是老样子，没有变好也没有变坏。腿脚一直行动不便，除了佣人搀扶活动一会儿，我几乎很少下楼走动。

在大家的关心和帮助下你不要有什么心理负担，祝你早日恢复健康！

第11封信　幸福生活，健康第一

> 人生最大的财富是希望，人生最大的资本是健康。人生最大的幸福是快乐，人生最大的幸运是平安！
>
> ——佚名

亲爱的孩子：

现在，我越来越担心你的身体了。不要以为现在年纪轻轻就可挥霍自己的身体，总有一天会垮掉。我见过很多像你一样年龄刚刚30多一点的人，虽然脑力、体力、才华跟你一样出众，因为没有意识到健康的重要性，没有意识到健康的身体跟事业的紧密关系，身体亮起红灯，意志力变弱，做什么事情都力不从心，即使刚刚工作没几年，就显得很苍老了，跟别人站在一起时其他的优势也会荡然无存。年纪轻轻健康挥霍一空，谁会认为这样的年轻人会有长久辉煌的前途？离开健康，就不能很好地工作，起码不能朝气蓬勃地做好工作。只有精力充足，生机勃勃，事事乐观，浑身洋溢青春的活力，才会在面对困难时充满自信地战胜一切，取得成功。

健康的体魄不一定要有发达的肌肉或是魁梧的身材。但一定要有旺盛的生命力和斗志昂扬的精神状态。健康的身体加上积极向上的精神面貌并不代表拥有一切，没有这些却意味着失去一切。对人来说健康才是第一位的，忽视健康就等于鄙视生命。一个年轻人，如果不时时注意自己的健康，无异于将成功慷慨抛弃，即使理想远大，前景美好，没有健康只能望洋兴叹。古希腊的赫拉克里特说："如果没有健康，智慧就表现不出来，文化无从施展，力量不能战斗，财富就变成废物，知识也无法利用。"由此可见，健康对一个人来说才是10000里的1，没有了1，知识、财富、事业、婚姻、家庭等等都是0。

那么怎样保持健康呢？

首先，养成有规律的生活习惯。每天按时起床、按时休息，不管外界发生什么事情，哪怕前一天因为熬夜睡得晚了，第二天还是要按时起来学习工作，当然了，应该尽量避免开夜车，别轻易打乱自己的生活作息。每个人就像一部精美的机器，身体各个部分就是机器的大大小小的零件，只有各部件完美配合，和谐共处，均衡关系，共同协作，机器才会正常运转。因此必须过上有节制、和谐规律的生活。

其次，培养积极健康的人生态度。结果固然重要，但追求成功的过程更加难得。任何事情都有两面性，乐观的人看到好的一面，悲观的人看到坏的一面。乐观的人常常获得轻松快乐，悲观的人时时感到痛苦悲伤。

再次，多进行运动，坚持体育锻炼。有人说，一个人在30岁之前锻炼身体，就像给自己生命银行的账户里存钱。年轻人如果不锻炼，等到上了年纪，各种疾病缠身，不但要花钱治病，还要忍受身体上的痛苦。

青春易老，心境永恒，保持年轻的心态就可以青春常驻。随时保持广泛的兴趣爱好，保持对生活的感恩和热爱，生命的清泉就会源源不断。人生就像一场战斗，保持身体健康，时时处于战斗的"良好"状态，就能取得最后的胜利。一匹马，吃不饱，力不足，比赛中甚至会输给普通马。一个身体强壮、精力充沛的人，一定会在战斗中打败弱不禁风的对手，成就自己的功名。

当今社会竞争压力越来越大，如何在竞争中脱颖而出，健康的身体是最基本的保证，健康的人精力充沛，心胸宽广，豁达乐观，在斗争中不会轻易败下阵来。

孩子，一定要记住，健康高于一切！它是你幸福生活的基础，事业成功的保证，更是你一生的财富。

第12封信　珍惜生命，安度此生

最穷苦的人也不会为了金钱而放弃健康，但是最富有的人为了健康甘心放弃金钱。

——柯尔顿

亲爱的孩子：

昨天我收到你秘书的来信，说你的病一直没有好转，还在发烧，不过有减退的迹象，虽然我的心稍稍得到一些安慰，但是仍旧很担心。你到底是持续高烧不退还是退了再烧呢？持续高烧肯定让你受了不少苦，是不是头疼？是不是身体虚弱不能动弹？要是间歇性发烧，你一定有什么原因导致你这么长时间没有好转。是不是没有按医生的嘱咐按时服药？是不是参加什么社交活动生活没有规律？如果不是这样，为什么医生说高烧“再度归来”？难道你盼着这样吗？结果怎样，你现在病的这么严重，耽误了在政府的工作，耽误了很多有意义的娱乐聚会。你一定要按时服药，遵从医嘱，合理安排自己的作息时间，注意饮食。以我的经验，吃的东西宜精不宜多，宁愿早餐吃上半磅熏肉，也不愿意吃两磅没有营养的食物。因为相比于财富、知识、品质来说，对一个人来说，健康才是最重要的，生命结束了一切就都结束了。

我来这儿快一个星期了，住得还算舒服，空气好，人又少，没有什么打扰，非常适合我这样上了年纪的老头子休养。最近几年我的耳朵越来越听不清了，腿脚也不方便，很少参加社交活动，几乎不再接受什么邀请。离开社交生活的我就像没有灵魂的尸体，生活在黑夜里的幽灵，生活越来越黯淡无光，只能回忆回忆过去的光鲜生活。

我现在的身体其实跟过去一年没有什么变化，但是我养成了一种好习惯——每天喝牛奶，这让我的精神看起来还不错。能有精力参加一些活动，给你和其他朋友写写信，短时间地看看名著，在这些方面都要好过去年。这样从繁华纷扰的社会全力退出，过着平淡的生活，不再有什么钩心斗角，是不是算作“安度余生”呢？

人生本神秘，当万物复出的那一刹那，就已注定人生要饱受喜怒哀乐之感，万物轮回之变，物竞天择，适者生存都是必然的，但并不是说不能改变……知识就是力量。知识改变命运。从古至今，许多成功人士以自己的亲身经历诠释了它的重要性。的确，在整个人类的发展史中，知识一直扮演着重要的角色。它是人类精神的需要，是改变命运的唯一方法。正如卡耐基曾说："人性的弱点并不是能改变，只要从书中掌握了解认识人性的弱点，就能外向成功的人生。"有位哲人也说过："要想成为永久的常青树，第一要素就是修炼自己的根。"这个"根"不就是知识吗？所以，只有勤奋学习，我们才有力量突破自我，实现自己的梦想，让生命之树开花结果，谱写人生华丽的篇章……

第二章

学习改变命运

第13封信　基础扎实，根基牢固

世上只有一样东西是珍宝，那就是知识，世上只有一样东西是罪恶，那就是无知。

——苏格拉底

亲爱的孩子：

首先，我希望你在18岁之前就能奠定坚固的知识基础，因为在我看来，如果不在现在这一阶段储备足够的知识的话，未来的愿望很难如愿以偿。这就好比建起一座大厦，根基不牢难以建起高楼，只有打下坚实的基础，以后才可以在这个基础上盖起高楼，而且想要多高就盖多高。一旦你的基础稳固了，将来不论何时，你都可以提取所需，而且当你觉得知识不够时，还可以在这个基石上添加新的知识。可是，如果这个时候你没有将知识的基础巩固好，等你上了一定的年纪了再去落实它，就绝对来不及了，你已经变成了一个乏味的没有魅力的人了。随着年龄的增长，你会发现，知识是你的避难所，是你休憩的港湾，没有知识，很难做个杰出的人。所以我恳求你，千万不要吝惜你的辛劳和努力，及时获取知识。

我常跟你提到学识，并且深信你已经知道了它的重要性，不管你将来从事什么工作，掌握丰富的知识都是非常有必要的。学识的内容相当广泛，而我们的一生是有限的，不能掌握所有的知识，也不能完全吸收运用所有的知识，所以我希望你尽量掌握。现在我给你指出的一些生活中经常用到的知识，希望在实际运用中更好地掌握它们。希腊文和拉丁文，对于每个人来说都是必须掌握的两种语言，因此你每天都要花时间进行巩固，而两年多的时间足够你完全掌握它们。修辞学、逻辑学、几何学及天文学都是你要花时间学习的科目，虽然不用深入研究，但是你应该对各学科都有所涉猎。考虑到你将来从事的职业，我认为现代的语言、历史、年代法、地理学、各国法律等知识对你尤其重要。你必须清楚流利地运用当地语言，在谈话中占据优势，否则无法跟人进行交流。你的法语已经学得不错了，可是还要在日常生活中经常使用，法语水平才会天天进步。你现在的德语应该说得也很好了，我相信你在离开莱比锡之前可以完全掌握。对于已经了解希腊文和拉丁文的人来说，花点时间学习意大利语和西班牙语应该会很容易，不会遇到什么大麻烦。现代史，尤其是与欧洲各强国有密切关系的近三百年的历史，都应该成为你持之以恒学习的重要科目。在学习现代史的同时，还要学习年代法和地理学。这样在你讲到历史上的重要事件的时候，就可以清楚地知道它发生的地点。

两年后你将踏入社会，接触到各种社交圈，我不希望你被别人如此训诫“你必须读很多书！”因为到了那个时候，你难免被一些事务缠身，没有时间和精力去学习我刚才提到的这些基础知识。尽管你再怎么合理安排你的时间，留出多余的时间用来继续学习，但是已经没有充足的时间再来打基础了。所以我希望你能理解我刚才说的话，做出正确的判断，不要轻易放弃。

回首我自己一生的得失，我最大的感慨就是：我今天的一切，完全归功于自己能够排除外界干扰，沉浸在吸取知识的乐趣中，我曾经以认真努力的态度用功过。这一习惯让我受用一辈子。你若是期盼将来受人瞩目，那么现在就得努力。掌握牢固的基础知识，成为有才干的人。年轻时候打下的基础，有朝一日终会加倍回报你现在付出的努力！

第14封信 知识丰富，能力出众

> 除了知识和学问之外，世上没有其他任何力量能在人们的精神和心灵中，在人的思想、想象、见解和信仰中建立起统治和权威。
>
> ——培根

亲爱的孩子：

今天，你学习了吗？法国著名的哲学家勒内笛卡尔曾说："世界之大，而能获得最公平分配的就是知识。"关于知识，虽然你已经学习和掌握了相当多的知识，但你还有努力提高的空间，还需要学习更多的知识。在这个世界上，没有比无知更可悲的事情了，也只有那些无知的人才会鄙弃知识。

知识是最有价值的东西。知识如同光芒四射的烛光，把人生之路照得耀眼通明。来者从亮光中认识人生的意义，去者似蜡烛燃尽，照亮了别人。知识越多越令人陶醉。然而，人不是靠生下来就拥有一切，而是靠他从学习中得到的一切来造就自己的。事实上，每一个人从诞生的那一刻就开始了自己的学习历程。如果不学习，就不可能健康地成长。有一句名言说得贴切："对生命而言，知识是必需品，因为没有知识，人活着就意味着死亡。"

众所周知，犹太人是世界上最聪明的民族，其智慧举世绝伦。在他们眼中，与其积攒满箱的金银珠宝，不如积攒满肚子的知识。在犹太人的家庭中，当孩子还小的时候，父母就开始对他们进行知识启蒙教育了。父母经常问："未来某一天，一旦你的财富被坏人抢走了，那么你还剩下什么宝贵的东西？"如果孩子给不出正确的答案，他们就会继续追问："世界上有一种无色、无味、无形的东西，它就是最宝贵的东西，你知道是什么吗？""很可能是空气！不是吗？"孩子不太确信地回答。"人要生存离不开空气，也离不开它，它就是知识。一旦你拥有了知识，任何人都抢不走。

的确，唯有知识才是一旦拥有永不毁灭的价值之宝，拥有知识就拥有一切。一个人的知识越多，他越有力量。著名哲学家培根曾提出："人的知识和人的力量相结合为一"，"达到人的力量的道路和达到人的知识的道路是紧挨着的，而且几乎是一样的"。面对着同一问题，在其他条件相同的情况下，一个知识丰富的人肯定要比一个知识贫乏的人做得漂亮。

前不久，我国一家钢铁公司的高炉坏了，遍请国内的专家修理，都未能查到原因。于是，从外国请来一位锅炉专家。只见这位专家拿着锤子在高炉上东捶捶、西敲敲，用粉笔在他认为出毛病的地方画了一条线，进行切割修理。最后，钢铁公司给这位专家支付了10000英镑。

该公司的一名行政主管吃惊地问道："怎么画一条线，就要10000英镑，太离谱了！"

专家笑着回答："我画的这条线只值1英镑，我知道在哪里画线值9999英镑！"

"这条不到一米的线收的价值是世界之最啊！"公司的财务经理感叹。

"这是合理收费。你们算过没有，你们晚修复一天，造成的效益损失是1000万英镑，我收的只是千分之一！"专家说，"我知道在哪里画线！"

英国伟大的哲学家培根曾说："阅读使人充实，会谈使人敏捷，写作与笔记使人精确，史鉴使人明智，诗歌使人巧慧，数学使人精细，博物使人深沉，伦理之学使人庄重，逻辑与修辞使人善辩……今天，是知识的时代。只有不断学习，扩充知识储备，才能在时下的人生道路上厚积薄发，越走越好。因此，你必须珍惜时间，选择最需要掌握的知识，不断给自己"充电"，否则，你的成功无从谈起。

第15封信 不受干扰，持之以恒

早晨要撒你的种，晚上也不要歇你的手。

——《旧约全书付道书》

亲爱的孩子：

听说，近来你的表现越来越好，大家对你的褒扬也越来越多了。然而，我心里越来越有些不踏实了。也许，你觉得我不可思议，可事实确实如此。在这封信中，我是以朋友的身份给你写的，希望你能一气呵成读完它。更重要的是，你要专心致志地向着你的目标前进。

在我的心目中，你就像大海上的一艘航船，我无时无刻不在盼望着你顺风顺水地抵达彼岸。但是，在你即将靠岸之时，我又忍不住为你担忧了。你知道，我对你跻身在学术界和上流社会寄予了厚望，所以哪怕出现任何一点差池，我都会很难过。事实上，能做到两者兼顾的人，的确少之又少。有的人只顾埋头学习，养成一副书呆子气，而不懂得如何与人交往；有的人言谈举止优雅大方，肚子里却没什么墨水，不会享受精神上的愉悦……

为了学习，我能想象你每天上午要投入很多的时间和精力。尤其是为了弥补前些日子因生病落下的一些课程。晚上还要去参加聚会、跳舞和拜访上流人物，观察那些优秀之人的言行举止。对此，我希望你白天能够至少用六七个小时来学习，并且耐心地完成各项任务。还有，在哈特先生的指导下，加之你的自觉，充分利用这个短暂的时间。到了晚上，你要合理安排你的娱乐、拜访等时间，但记住不要让它们影响你的学习。其实，有时候你也不必去参加一些活动，因为有些群体中某些成员往往不学无术，性情轻浮，又不喜欢与上流人士交往。如果与其频繁来往，不仅会浪费你的时间和精力，还会让他们变得更加恃宠而骄。我敢肯定，你不会加入他们，你会不失礼貌地拒绝他们。因为你不仅尊重和理解我，还珍视你与哈特先生的友谊，更重要的是你明白你身上的责任，毫不夸张地说，就是为了你自己好。

孩子，向着你的目标前进吧！坚持！坚持！再坚持一年半，你就大功告成了，我的希望也实现了。那时候，你就会成为自己的主人。你可以尊重我的建议（如果由于你年轻、涉世经验少，我必须给你提出的建议），也可以根据你的兴趣、思想去追求你想要的东西。我也乐意成为你最值得信赖的好朋友。

话又说回来了，你必须持之以恒地学习知识。查尔斯威廉先生前些天告诉我，你目前正在阅读一本外交著作，并且随手做了大量的笔记、写心得，这是一种非常好的学习方法。我很欣慰。我希望你能坚持读完它，并经常翻阅，以保持清晰的记忆。这对你以后走向职场，极其有帮助。

第16封信　阅读书籍，讲究方法

经验丰富的人读书用两只眼睛，一只眼睛看到纸面上的话，另一眼睛看到纸的背面。

——歌德

亲爱的孩子：

那些毫无意义的书只会浪费你的时间。什么是毫无意义的书？这类书都是那些为了赚取一点生活费，思想匮乏，没有深度的懒人，为那些像他一样同样懒惰的人打发时间，消磨意志所写的书。这样的书没有什么知识可以获得，知识性与趣味性浅薄，就连它的真实性都要辨别一下。因为有不少人去读，所以再大一点的书店铺天盖地的全是。但是我不希望你去碰它，因为这毫无阅读意义。

书要一本一本地读，不要一本还没读完就开始读另一本，要有决心，也要有恒心。在闲暇时间看的书要锁定一个主题，没有完全了解书的内容之前不要轻易放弃。考虑到你现在从事的工作，和将来发展的方向，我希望你阅读现代史的书籍。你可以挑选其中重要的部分和你感兴趣的部分去读。假如你对历史上的《比利牛斯条约》感兴趣，那就专心去研读这部书，不要翻阅其他的书籍，以免受到干扰。此外，你可以阅读一些真实性较高的历史书、信札、回忆录、法律条约等来辅助阅读，仔细地做出比较，这样主题鲜明、分清主次地阅读，效率自然也就提高了。

当你围绕某个主题选择性地阅读时，可能会发现不同的书籍内容讲述的不一致，甚至截然相反，阐述的观点互相矛盾，这时候你就要求助其他书籍来加以考证了。如此一来，你对这个问题的认识就会更加深刻，因为有些事件的内容绝不是靠一本或是几本书就能了解透彻的，历史问题往往还要涉及政界和学术界的争辩，比较争论中的不同观点，征求最广泛的意见，这样你的脑海中就会出现一件事情的综合印象，获得比较全面完整的知识。长期这样的学习，会使你对什么事情都有全面地理解。

人生就是一本书，社会就是一个大学堂。我希望你现在开始努力，认真地去阅读它，从中获得的知识将比你在书本上学到的更丰富，更真实，更实际，是任何书本上都找不到的。当你去参加时尚人士的聚会时，可以暂时放下手头的书，因为从社会交往中获得的知识，比学校学到的知识更多。事实上，我们每天忙于工作或娱乐，难得闲下来认认真真去阅读。书是人类祈求心灵宁静的港湾，很多人把阅读时间当作是一天中最美好的时光。在这里我也希望你能充分利用这段时间好好给自己充电。

你踏入社会之后，依然要读很多书，我把你这个年龄段应该读书的方法归纳了一下：

第一，踏入社会后，你没有时间，也没有必要看太多的书，反而可以接触社会上形形色色的人，利用交往得到的信息远比一本书更能增长你的见识。

第二，不要把时间浪费在无用的书上。

第三，围绕一个主题，集中阅读相关书籍。如果你能踏踏实实地做到以上几点，照我的提议读书的话，每天30分钟，就会积累大量的知识，获益匪浅。

第17封信　阅读经典，提高心智

我觉得，当书本给我讲到闻所未闻，见所未见的人物、感情、思想和态度时，似乎是每一本书都在我面前打开了一扇窗户，让我看到一个不可思议的新世界。

——高尔基

亲爱的孩子：

亚里奥斯托的《疯狂的奥兰多》你多读了多少了？他的创作是不是极富创造性？我敢肯定，荷马史诗，无论在在构思上还是叙述上都比不上亚里奥斯托的独特与精确。阿纳西的人物诱人，宫殿奢华至极，又有什么比在月光下寻找奥兰多和其他人遗失的智慧这个情节更有独创性、更夸张狂放呢？这部精美的诗歌，甚至还为现代故事、小说、寓言、传奇提供了很好的素材。古希腊诗人奥维德的《变形记》素材就是大量的古代传说神话故事。以后你还可以读一下塔索的《解放了的耶路撒冷》、薄伽丘的《十日谈》，读完这三位作家的作品之后，就相当于阅读了所有有价值的意大利作品，而且你的意大利语也不成问题了。

不光要了解意大利的名著，作为一个绅士应该了解其他语言的名著。比如法国的布瓦洛、高乃依、拉辛、莫里哀、英国的弥尔顿、德莱顿、蒲柏、斯威夫特，这些作家的经典名著不仅可以提高你的心智，丰富你的想象力，还可以给你提供上流社交圈的谈话题目。读过的名著最好都能记住，这会让你在社交圈里与众不同，而且引用这些古代作家的作品也不会使你显得过于学究。

亲爱的孩子，你有别人不具备的优势，那就是接受过良好的教育，在教育这个问题上我从来没有吝啬过。你会多国语言，不需要各种译本就可以直接阅读原著，跟外国人交流或谈判时没有一点障碍，这是很多像你这个年龄的年轻人梦寐以求的本领。你现在已经掌握了四种语言，但是还得进一步学习，能够更加准确、恰当、优美地运用这四种语言。除了阅读经典外，你可以找些相关的评论文章，虚心向别人请教问题，这样，你的阅读技巧和水平也就提高不少。比如法语语法、意大利文工具书、德语词典都可以翻阅一下。我认为一个人应该尽可能的准确、优美地使用语言，尽量说得地道些。在当地人看来，碰到一个能准确运用自己国家的语言，并能够流利沟通的外国人，是多么让人愉悦的事情啊，民族自豪感大大被满足，从而也对这个外国人减少排外感，更加友善。

现在，伦敦大多数有品位、有修养的人都很喜欢弗朗西斯的剧本《尤金尼亚》，随后我也会给你寄去一本。我听说公演的第六天，戏院的包厢爆满，直到散场才停演。长久以来，悲伤、死亡已经不能感动英国观众，过于细腻的感情也没法再打动观众内心。只有暴风骤雨般强烈的情节才是现在观众喜欢的焦点。

第18封信　读伏尔泰，提审美观

一本书像一艘船，带领我们从狭隘的地方，驶向生活的无限广阔的海洋。

——凯勒

亲爱的孩子：

我猜想你现在在奥古斯都吧？现在你必须使出浑身的解数赢得当地人的好感，由此会给你带来巨大的好处。这个国家有强大的军事力量，法制健全，人们的举止文雅有礼，你一定会在罗马大长见识。

可以这样说，伏尔泰的作品我全部读过，而且不止一次。因为每读一遍我都会有惊奇地发现，他的才华横溢无人能比，我对此无比钦佩。我们曾经讨论过《亨利亚特》这部书，虽然在你看来没有天神、恶魔、女巫的书称不上是史诗，但是在我看来你这样的评价有失偏颇。这部作品是我迄今为止，见到的最让人赏心悦目的史诗。其中对爱情的观点，你有很多还不能理解，但是到我这个年龄，我已经消除了对爱情的狂热追求，变得越来越理智，书里荒谬可笑的行为都是不能原谅的。

正是由于这样的想法，我反倒看不下去荷马史诗了。老实说，一看到老荷马的书我就想睡觉，他甚至比不上古罗马诗人维吉尔的作品对我更加有吸引力。尽管荷马史诗写得也很完美，但是显得单薄无力，而且越到后来越没劲。我简直提不起精神继续读了。我讨厌伪善的埃阿斯，他总是以天神的意志来掩饰自己的极端罪恶。弥尔顿的作品我也不爱读了，我承认有些篇章写得很华美，处处熠熠生辉，但是这并不代表十全十美，用他自己的话来说就是“光明的背后总是伴随着黑暗”。他的诗中，除了男人就是女人，即使是可爱的天使或是罪恶的魔鬼出场，语言也是不能牢牢吸引人，你说这样的阅读能带来什么快乐吗?

尽管我对这三位诗人的作品或多或少不满，但是最让我不能忍受的就是塔索的长诗《解放了的耶路撒冷》，塔索本人的诗歌才华毋庸置疑，但是他的才华仿佛就存在了一段短暂的时间，就像划过天际的流星，绚烂之后转瞬即逝，取而代之的是令人不解的错误思想和荒谬言论。他的诗不能再与史诗相媲美。

我希望你把《亨利亚特》从头到尾再认真阅读一遍。诗中的思想很明确，笔触灵动优美，人物形象高贵优雅，情感表达高贵庄严，通篇韵律和谐工整。在这一方面我可以说伏尔泰第一，没有谁能够与他一比高低。你如果还在认为拉辛是法国诗人的领袖，那么至少伏尔泰可以和拉辛并驾齐驱。伏尔泰的作品完全符合史诗创作的原则。亨利四世坚持伟大的战役，最终获得胜利，没有哪位英雄比他更让人着迷。作品中描绘惨绝人寰的大屠杀，继而是巴黎的饥荒，没有哪个场面比这更令人震惊。没有谁能够像伏尔泰那样描绘出真实感人的爱情。依据最严格的史诗创作原则，只有《亨利亚特》才堪称史诗。

我可以跟你悉数伏尔泰的全部作品，作品里的人物我都有深刻印象，每个事件、每个人都会让我激动不已。没有什么比伏尔泰笔下富有戏剧性的篇章更有趣、更感人。没有谁的诗句比他的诗更优美、更文雅。我并不是强迫你接受我的看法，但是你可以根据自己的认识来检验我说的对不对。

我要睡了，晚安，孩子!

第19封信　从旅行中，获取信息

> 我们的生活就像旅行，思想是导游者，没有导游者，一切都会停止。目标会丧失，力量也会化为乌有。
>
> ——歌德

亲爱的孩子：

我很高兴收到你从海德尔堡寄来的信，听说你去了法兰克福证券交易所门前的金牛、海德尔堡城堡地窖的超级大酒桶，从信中能感受到你强烈的好奇心和满足感。你能够有意识地去了解当地的风俗习惯，参观著名的建筑和艺术作品，这样做是因为你知道了旅行的意义所在：观赏景点只是旅行的基本目的，在旅行中一边看一边跟当地人交流，了解当地风俗习惯和人文知识。因此，不管你去哪里旅行，不管时间长短，都应当把当地政治形势和独特民风当作关注的重点。

就人类整体而言，人们的本性大致相同，但是一个地方的人有一个地方的特点，比如行为举止、待人接物、思想信仰、性格特点都会大不相同。所以你应该留心观察、仔细琢磨。受当地的政治制度、传统文化、教育程度的影响，人们才会有不同的类型。当地是什么样的政治统治？是民主制还是君主制？权力掌握在什么阶级的手里？每任统治者任职多久？什么样的刑罚制度？

我很想听你聊一聊瑞士，因为我虽然去过很多国家，但是对那里却一无所知，即使到了这个年龄，我还是很有兴致从你那了解到一些当地的知识。比如，瑞士有十三个区，这十三个区是有一个最高权力的中央政府机构管理呢，还是各区有独立的自主权和独立的宪法体制？如果各区独立，是不是可以不争取其他十二区的同意就可以与国外结盟？如果每个区都有独立的自主权，那么权力掌握在谁的手里？是个人还是集团？跟中央的权利是否冲突？如果是个人我们应当怎样称呼他？如果是集团，这个集团是称为议会？参议院？还是另有名称？一个区可以向另一个区宣战吗？战败的一方会有什么下场？这些你都可以向当地人了解清楚。

你应该意识到，掌握类似的信息对你将来在政府部门工作大有好处，这样你会对自己国家的政治体系有更明确的理解，以便于今后工作的顺利展开与进行。与当地掌握这方面知识的人谈话也是很有必要的，一方面你的外语能力会得到大大提高，社交圈子也会更广泛。大多数在国外的英国人，因为不懂当地的社交语言，很少参加各种聚会，他们只与自己的同胞交流，根本不与当地人接触。用这种“假谦虚”掩饰自己在与外国人沟通方面的弱点，融入不到当地的社交圈里，自然几年后回到自己的国家，还像出国前一样不了解那个国家。

我希望你不要有这种英国人身上的“假谦虚”，首先从着装上下工夫，尽量衣着得体大方，细致讲究，就像在国内一样，从容自得地去与形形色色的外国人交往。不要害羞也不要有什么害怕的，你学识丰富、温文尔雅，懂得社交方面的礼仪，无论在什么场合跟什么人谈话，都应对自如，备受大家的喜爱。我认识这样的人，他们过于谦虚，带着这样的痛苦从一个极端走向另一个极端，变得嬉皮笑脸厚颜无耻，结果有失身份。有教养的绅士会避免使自己丢脸，跟任何人都能恰如其分地交往。谦虚而不害怕，坦然又不失礼貌。

年轻人刚刚踏入社交圈，应该认真观察圈子里最优雅的人的行为举止，然后去模仿他们，赢得众人的关注，受到大家的欢迎。对于社交圈里的“缺点”不应该指指点点，反而夸口英国人怎样懂礼。因为这些英国人眼里的“缺点”都是当地人特有的习俗，聪明人可以夸夸当地的美食多么可口、衣着多么光鲜、住所多么庄重典雅，即使夸大也不会惹来什么不满。适度地恭维不是什么错误，反倒会给自己的社交带来更多便利，赢得当地社交圈的欢迎。

第20封信　学习历史，了解政治

历史总是为生活服务的，它提供范例，评价过去，或者把目前这个时刻安放在生成演变中去。

——雷蒙·阿隆

亲爱的孩子：

既然你对历史那么感兴趣，那么趁现在逗留法国期间，拿出你的时间来研读法国历史吧。想知道本国的历史或是想了解其他国家的历史，最便捷的方式就是从书本上获得，遇到问题也可以向周围精通历史的人请教，这些都是非常方便的。但是我不想让你像傻子一样去翻阅历史书，要真正了解历史，单从历史书上找些琐碎的历史片段是完全错误的，那样你看到的历史也是支离破碎的。因为我跟你提起过，历史往往是加进后人的主观思想和个人看法的。

现在人们所熟知的，也是你现在了解到的，就是书本上提到的，通常意义上的“法国史”，是从法兰克人征服这个国家开始到路易十一的统治为止。但是统治之前的战争时期发生的那些重要历史事件，对新国家的建立起到了奠定作用，同样值得你去关注，当然我这里指的是形成国体和政体前的著名改革。例如：克洛维斯在高卢定居时期建立的政府组织形式。区别于其他的民主政治或是个人专制那种野蛮的统治，新政体下，民主政治和君主政治相结合，人民完全可以参与到政治事务当中来。人们通常所说的法国政治完全控制在贵族和僧侣手中，直到14世纪初菲利普·拉·贝尔执政，为了遏制贵族和僧侣的势力，让他们交出充足的税款以保障国库充实，才第一次让人民参与议会。菲利普·拉·贝尔身为大臣，却超越国王的权限，控制着整个国家，左右议会，以至于有人称他为国家的大主教和管理者。后来查尔斯·马特废弃议会，公开管理政府。再后来培宾废除国王，篡夺王位。

阅读历史要掌握一定的方法，以最短的时间尽快了解整个历史过程。比如，阅读历史上的重大事件，学会思考，边阅读边解决问题，一般事件一带而过不要浪费过多的时间。阅读历史书没有必要像读《朝圣者的旅程》那样，不加区分，没有主次，每一个历史细节都关注。你可以试试我的方法：

首先，对重要历史事件做标记，找到每个国家历史的简明线索。例如：战争事件，国王更新，政体变动。

其次，对照标记的历史事件，细读相关具体细节，广泛查找历史背景。

再次，阅读时发挥自己的聪明才智，多动脑多思考，例如法国历史上的Le Gendre统治时期，虽然短暂却创造了相当辉煌的历史。怎样的辉煌？又为什么短暂？带着这样的疑惑去向Mezeray或其他优秀的历史学家求教，你会发现政治条约方面的不同以往的新规定。

还有，你还可以阅读一些名人传记，从Philip de Commines到路易十四的都能在书店买到。这对了解法国史也是大有帮助的。

多与法国人沟通，向当地人了解他们知道的历史。在法国，人们喜欢阅读历史书，即使是没有看过类似的书，也喜欢跟人谈论这方面的问题，很自豪地炫耀自己读过的书籍，就连妇女也不例外。因为在法国人看来，不管对本国的历史知道的多少，都会把不了解本国历史看作耻辱。

在法国你会参加很多社交圈，遇到不同的人，场合不同，大家感兴趣的问题也不同。凭借你敏锐的判断力，区分不同的社交范围和场合，学会跟不同的人说不同的话。跟年轻人你可以尽情娱乐，跟严肃古板的人你可以谈论严肃的话题，跟喜欢音乐的人你可以纵情歌舞……

法国人的着装都很讲究，得体又不会过于华丽，每次出门前你都要精心装扮。记住任何时候都不要拿自己的知识炫耀，用自己的良好品性来吸引周围人的注意，赢得别人的尊重。社交圈里不容许由哪个人来独裁，这是一个自由的群体。

游学法国主要目的是了解法国历史，也是你在那里的唯一目标。

第21封信　阅读历史，去伪存真

我们有必要恢复对我们的理想、命运和我们自身的信念。我们活在世上不只是为了享乐和自我满足。我们负有创造历史的使命——不漠视过去、不毁弃过去、不向过去倒退，而是发奋向前、积极向上，为未来开辟新的前景。

——理查德·尼克松

亲爱的孩子：

我很高兴你目前正在阅读历史书籍，而且通过自己的思考，时不时会发表自己的见解，探讨一些针对性的问题。这一点让我感到很满意，我发现你在一些事情上具备了一针见血的洞察力。很多人看书不经过大脑思考，不管内容有用没用，对不对，都盲目地塞进自己的脑袋，不整理，不归纳，这种看书方法是不可取的。这样看书就好比往垃圾堆里丢废物，时间长了，脑袋就变成垃圾堆了。不管历史面貌如何，你都必须学会努力怀疑历史。我们或许可以这样认为，历史比任何科学都真实存在，但是，不是记录下来的历史都是正确的。

我希望你继续这样去阅读历史书籍。对于一本书，你仅仅知道作者这是不行的，更要仔细研究书的内容，不要盲目相信作者的观点，以为他说的就是权威，不加判断盲目接受。要记住“尽信书不如无书”，应该经过自己的大脑思考，判断书里的事实和观点是否正确。比如涉及历史问题，你应该纵观群书，翻阅不同作家针对这一问题发表的不同见解，以此形成你对这个问题的总体印象。经过综合分析比较之后，提出自己的看法。对于历史学家给出的一个历史事件的原因或动机，我们现在无从知晓，只有多方比较作出判断，避免带上自己的主观色彩，才能发现其中是否存在漏洞，从而做出正确的判断。我们看到的历史都是后人的主观作品，每个人都会把自己的看法加上去，所以，对于历史多方吸收观点有益无害。

比如，提到凯撒大帝的死因，查阅所有的历史书籍，几乎无一例外地都提到事件的原因和动机，但是你就真的相信了吗？历史究竟如何？考虑到与事件相关的一系列人物的背景资料，包括他们的想法，与事件的利害关系，这其中是否还深藏其他的动机。杀恺撒的凶手是由一个23人组成的阴谋团体，这是大家都已经知道的历史记录。有人说，杀人的动机是出于对自由的追求和对罗马的热爱，但是这是唯一原因吗？还是主要原因？而真相是，谋杀的主谋布鲁斯特，还怀有私人动机：自尊、嫉妒、仇恨、绝望……

人类本性复杂而矛盾，感情强烈而多变，意志起伏不定，思想容易受外界干扰，一天之中都会变化多端。好人会干坏事，坏人也会良心发现。就像一个人消化功能再好，睡眠再充足，也不能保证不生病不失眠。在身体欠佳时作出的判断可能就和平时不一样。最可能的动机不能视为最合理的动机，这样的判断过于简单，甚至偏离实际。

在我看来，历史可以培养人的分析力和判断力。简单一点说，人们带着好奇心和怀疑的心理去看待历史事件，怀疑与历史相关的时代背景，都是正常的。连日常生活都怀着一颗好奇心，那就更不必说了。历史学家并不能做到公正无私，或许他想借题发挥，或许想尽早结束这一章节的描述。所以我建议你不要以为什么都是正确的，即使他是权威的专家，你也必须拿出自己的判断力和分析力。那时你就会发现，其实历史的可信度是相当脆弱的。

在学习历史的过程中，你还要做到与时俱进。讨论现在发生的事情，我们可以引用过去发生的事件作为例子，但是却要谨慎小心。相对而言，现在的证言比过去的证言更容易被人相信，时间越久远，可信度越低。自从世界诞生以来，没有两件事情是一模一样的，所以没有一个历史学家能准确把握一件事情，更不用说记录下来了。我们不能迷信历史，不能迷信权威，从事实出发就事论事，坚持“参考”的原则，且不可当作评判的“标准”。

第22封信　特别关注，人文艺术

旅行在我看来还是一种颇为有益的锻炼，心灵在旅行中不断地进行新的未知事物的活动。

——蒙田

亲爱的孩子：

你可以在旅行中，通过阅读当地的报纸或是书籍，细心观察当地的风土人情，或是跟当地人聊天请教来获取相关的知识。过一段时间你会到威尼斯去游学，学习期间你可以顺便了解一下当地的风土人情，政治形式，虽然很多人对此相当陌生，而且不太感兴趣，也不愿意搞得很清楚。但是旅行对一个人来说，就是要寻找和丰富生命的体验，提高自己的艺术品位。

威尼斯以许多古代遗迹和伟大的艺术品而闻名，所有的一切都值得现代的人去留心关注。但是有很多旅行者对这些并不感兴趣，就像去动物园参观狮子老虎，或是看一场戏剧一样心不在焉，别人问起的时候，只是说已经看过了。我希望你以另一种眼光来看待这些古代文明的产物，因为这些古代遗迹和艺术品，在本质上和诗歌是同类的艺术。比如，在你欣赏雕塑或是绘画作品时，你是否观察到雕塑家赋予石头以生命？是否感悟到画家赋予画布以生机？任何雕塑艺术形象，都是创作者表达自己的情感和思想的载体。同一创作团体的艺术家，往往有相似的创作标准，考察他们有什么样的统一标准，他们之间有什么样的关联，这些都是你在欣赏艺术品时应该研究的内容。你甚至可以关心一下他们的穿着和举止。

人们所谓的人文艺术，包括雕塑和绘画。这两种艺术形式，都是创作者通过生动丰富的想象，平时细致入微地观察，将内心的情感出奇制胜地表达出来。虽然现如今的意大利，音乐的地位要比雕塑绘画高，但在我看来，两者的地位，是同样作为人文艺术的音乐所不能超越的。由此也证明，意大利的艺术正在走向衰亡。

你可以去私人宅邸或是教堂，欣赏提香、保罗·委罗涅塞等人的优秀作品，他们都是威尼斯画派的伟大画家。比如提香的《柯那罗家族》，圣·乔治教堂中保罗·委罗涅塞的《利未家的宴会》，都是杰出的代表作品。在我看来你都应该去欣赏一下，提高自己对雕塑和绘画的欣赏品味，这些也有益于丰富你的诗歌和历史知识。不要把时间浪费在无聊的事情上，那些都是素质低下的人才干的蠢事。

你还要尽快学会意大利语，以便能在那里听懂当地人的谈话，还可以时不时地插上几句。意大利有很多杰出的历史学家，他们翻译的古希腊、古罗马作家名品数量相当丰富，其中有两位意大利诗人应该提起你的注意，就是亚里士多德和塔索。他们俩无疑是意大利有史以来最杰出的诗人。

第23封信　学习高雅，摒弃低俗

赞扬是一种精明、隐秘和巧妙的奉承，它从不同的方面满足给予赞扬和得到赞扬的人们。

——拉罗什夫科

亲爱的孩子：

当你打开这封信的时候，你大概已经在罗马了吧？是不是被罗马人的行为举止深深吸引住了？如果你把时间花在感兴趣的事情上，我不会占用你太多的时间。到了罗马，你可以沿着亚得里亚海到利米尼、罗列多、安可娜等地去看看。每一个地方都有值得欣赏的价值，只不过不要花费太多的时间，大致欣赏一下就可以了。不过对于那些相当著名的罗马建筑，举世瞩目的罗马建筑、雕塑和绘画，我希望你能认真地去欣赏，这些必须靠近才能观察仔细的东西，需要你投入自己的时间和精力。而且我希望你去了解罗马的政治宪法和政府机构。

你上午学习，下午参观名胜古迹，晚上还要参加各种社交活动。你的娱乐活动安排的怎么样？跟得上时尚界的潮流吗？你是否跟时尚人士交往？这是使你自己变得时尚的唯一方法。你是不是跟当地显赫的家族交往？能不能融洽相处？不要拒绝那些受过良好教育的女士对你的善意的嘲讽，这是她们对你表示好感的“为难”。罗马那些举止得体的绅士和时尚女士，都是值得你向他们学习礼仪的大师。对于这些，你要从容接受，他们会培养你谦恭有礼的品质。假如你在罗马遇到真心喜欢的女士，那么就要对她关怀备至，女人都喜欢懂得关心自己的男士。

你喜爱美丽的秀发吗？
用最温柔的方式待她；
眼神柔和，仪态优雅，
语调温和地向她致意。

诗歌徒劳，缪斯无用，
没有格雷斯的相助；
诗神也不能成功地
收回女仆飞扬的心。
…………

优雅得体的谈吐、温文尔雅的行为举止极度受人尊敬，自然也会让人感到舒适亲切。相对于长相而言，这样品行的绅士也会博得众多女性的青睐。如果在你的社交圈里有多位女性，你不能只固定恭维其中的一两个，而是对所有的人都要交谈和往来，对所有的人都要细心周到，时时恭维——比如赞扬她们漂亮的服饰，精美的头饰，手上的丝帕或扇子。男人应该跟女性多套近乎，女性天生就是男人大献殷勤的对象。千万不要一言不发，除非他们认为对方喜欢自己而保持沉默，否则，沉默就会被认为是一种愚钝的表现。女性相信：

恋爱中的沉默带来的悲伤，
远胜于语言，是他缺乏风趣？
我们知道，迟钝的乞丐，
值得人们加倍的同情。

恰当的表达爱意，就要掌握好语言的运用。查尔斯五世与情人说话有专门的昵称。我希望你留心她是怎样称呼自己的马儿？喜欢用什么词和法国人交流？不管与谁交谈，也不管用什么语言交谈，都要做到用词准确，表达贴切。你要是想获得成功，就得使自己的话让人听起来感到愉悦，让语言带来积极的作用。人们常常审视自己的着装，是不是衣衫褴褛，邋里邋遢；同样，语言是思想的外衣，也要时时接受检查，也要精心加以修饰，时时装点，不至于苍白无力。

为了让你有机会在罗马展示自己的才华，我已经写信给西蒙娜蒂夫人，她是米兰时尚界的领军人物，还有一位克莱丽思夫人，她们会帮你区分高雅的娱乐和低俗的趣味。

努力学习，尽情享乐吧！

第24封信　尊重他人，少唱反调

以适当的娱乐调解工作过度后的疲劳，是非常有益的事情。

——罗曼·罗兰

亲爱的孩子：

我很希望听你讲讲你在巴黎的情况，虽然你会经常提起自己的近况，哈特先生也会随时向我汇报，但是我还是想知道你在巴黎究竟是如何安排自己的时间的。在巴黎，你如果不能合理安排自己的时间，就会学不到什么，常常感到时间不够用。

对你而言，巴黎是个全新的世界，初到巴黎，你会感到自己的世界一下子变得宽广了很多，视野开阔了很多，在那里你甚至有想干一番大事业的冲动。我跟你讲过，在学习和上层交往的费用上，我会源源不断的支持你，但是你如果没有理清账目，每次都惊讶地发现开销越来越大，那么你就必须每天早晨检查一下账目了。每天学习新知识自然不必多说，这是你游学的主要目的，但是不要忘了温习已经学过的旧知识。此外，我还要强调一点，在巴黎，你必须花大量时间参加娱乐活动。通过参加上流人士的聚会、用餐、娱乐活动等方式，使自己尽快适应当地的环境，学习上流社会交往的礼仪。这对你将来的工作生活都是必要的，也是获得成功的手段。一个基础知识扎实，品行端正，温文尔雅的绅士，即使各方面再优秀，如果不亲身观察这个世界，不融入到社会中来，那么他就不会受到这个社会的欢迎。如果你真的不知道大家聊的话题，或是对此不感兴趣，那么最好闭上嘴巴，什么都不要说。因为在一些特定的场合，特定的氛围里，不假思索、口无遮拦的讲些自己感兴趣的事情，要么让人吃惊，要么让人纳闷，甚至会让人感到恐惧以致动怒，因为他们对你谈论的话题没有兴趣，也不知道接下来你会说什么，会不会对自己造成威胁，或是带来不必要的麻烦。所以这时闭口不说是最好的选择。

当你不知道该说什么时，随声附和就好了，尽量满足对方的虚荣心，让他们自我感觉良好，而不是羡慕你的学识多么丰富，也不要跟人唱反调。我就是用这种办法来适应这个世界的，相信你也能够通过自己的亲身经历来验证它的正确性。没有社会经验的人只会说教，但是他的说教也往往显得缺乏活力，不合时宜。例如，阿谀奉承。怎么实施呢？不分场合，不分人物，逢人便说好话。就像要修饰一幅画，应该用柔和颜料的地方用了大量的白色颜料，应该用细腻的笔触加工，反而用粗线条搞得一塌糊涂。这样的盲目行为不但触怒对方，而且让周围的人也对他大倒胃口。处事圆滑的人深知恭维的妙处，知道什么场合、什么时间、说什么样的话。不是赤裸裸地奉承别人，而是转换方式，迂回推论，用比较和暗示的方法来让别人心满意足。

这个社会，理论与实践是存在差异的。

在巴黎好好学习吧，希望你成为优秀的青年。

第25封信　声誉良好，成就事业

> 不管饕餮的时间怎样吞噬着一切，我们要在这一息尚存的时候，努力博取我们的声名，使时间的镰刀不能伤害我们；我们的生命可以终了，我们的名誉却要永垂万古。
>
> ——莎士比亚

亲爱的孩子：

你现在在汉诺威必须树立良好的名声，像跟你共事的人学习，随机应变，八面玲珑，只有这样，才能在官场上有提升的机会，否则就会延误自己的前途。这对你在英国的发展也会有莫大的帮助。任何事物都有两面性，完美也会伴随着缺陷，你要懂得区分正当得体的品质和与其相关联的缺点。比如说吧，你接受过正规的教育，有良好的教养，举止得体，待人彬彬有礼，但是又不厌恶这些琐碎麻烦的礼仪细节；同意别人的说法并不代表人云亦云；合理安排日常开销并不代表小气吝啬；你品性高尚，但是不以出身炫耀，保守自己的秘密又不显得让人捉摸不透。

你的这些优秀品质都是你成功的资本，不管在汉诺威还是在其他国家，身上的优点都会成为你成功的资本，最终成就一番大事业。现在你刚刚进入宫廷工作，做什么事情都得谨慎小心，保护好自己的名声，树立良好的个人形象，不要因为一时的疏忽毁掉自己的前途。

尤其要注意保护好自己的隐私，当你不能确定一个人是不是你的朋友时，千万不要把个人的秘密告诉他。一是有可能被公开当作朋友圈谈论的话题，二是有可能伤害到别人，引起不必要的麻烦。无论是我写给你的信还是别人写给你的信，尤其是其中提到国外的所见所闻，我会把自己的喜好，赞扬和贬低都毫无保留地说给你，这些信件一旦被公开，就会招来社会乃至宫廷的指责。我们现在通信很频繁，你最好妥善保管这些信件，委托信赖的人，安全送到我的手上。

娱乐过度就是放纵，这一点我得提醒你几句。从今以后纽卡斯尔公爵会经常邀请你去参加聚会或是一同进餐。但是他嗜酒如命，经常纵情狂欢。首先，出于对你的健康的考虑，千万不要饮酒过度危害到自己的健康。其次，喝得醉醺醺的人总是会丑态百出，毫无顾忌地嬉笑、打骂、斗殴，因此产生的麻烦常常会让你后悔不已。话说回来，你也不要过分拘谨，适当的应酬还是必需的，这样不会让人感觉你过于严肃不好接近。这里我可以告诉你一个小窍门：一杯酒不要一饮而尽，小口小口地慢慢喝；或是在酒里掺点水，要是被发现了惩罚喝更多的酒，千万不要大声抱怨，就推说最近身体不适，请求大家谅解。人的聪明不能外露，过分招摇，但是要会适时运用，尤其是像你这样刚刚步入社会的年轻人。

在汉诺威，有很多值得你去参观的地方，比如汉兹，那里是有名的银矿；格廷根，那里大学云集；斯泰德，繁华的商业中心；还有小城泽尔。总之，有时间的话，你要走访德国各地，了解德国社会各个方面的情况，比如共和国宪法和政治主张。

你在汉诺威一切顺利的话，我建议你去走访几个地方。丹麦国王离开之前先在大使馆住上十多天吧。然后可以去布拉茨威格，那虽然地方不大，但是你会发现那里的人都非常懂礼仪，你可以在这个礼仪之邦学习学习。之后辗转卡塞尔，最后到柏林。尤其在柏林，你要留心观察政府职能和法律政策，与欧洲各国相比，柏林都显得特殊一点。也许到圣诞节的时候我们能在那儿见上一面。

最后，我再强调一下，在汉诺威一定要建立良好的声誉，取悦他人，赢得政府部门和国王的信任。能够赢得别人信任的人，往往政治前途都很顺利，早早成功。

第26封信　知识有用，切勿卖弄

凡事都要有个适应范围，“不及”固然不好，但“太过”亦未必尽善。

——印会河

亲爱的孩子：

凡事皆有度。不道德的行为固然要避免，但对原本有的优点与美德同样不可轻视。人少不了学问，否则便会无立足之地，但如何对待学问，则必须十分谨慎。真理再向前走一步就会变成谬误。任何优点和美德，都与缺点和不道德有着紧密的亲缘关系。如果任其发展，超越了某个界限，就会沦为缺点或是恶习。比如说，过分的慷慨大方会显得你奢侈浪费，过分的勤俭节约又显得你贪婪吝啬，行事过于大胆会显得你轻率冒险，太过谨慎又显得你懦弱无能。所以我认为，凡事皆有“度”。

不道德的行为非常丑陋，看到第一眼就会被吓到，因而它根本无法吸引人的目光，更别说抓住人们的心。有些事情戴着美德的假面具，常常引诱别人上当。而美德，它内在是十分美丽的，人们一接触到它就会怦然心动，并随着时间的推移，认识的深入，对它迷恋的程度会越来越深。与其他美好的事物相比，没有什么能超越美德的。这种现象普遍存在并不难理解，因为人们对美的追求总是如此。

到了这个时候，判断显得尤其重要，它可以引导、调节美德中的积极因素，使道德永远合乎道德，优点永远成为优点。如果缺乏正确的判断力，“学识丰富”只会成为一个“温柔的陷阱”，因为它会使人陷入盲目自大，卖弄学问的境地。一个处于这种境况的人，很可能被人贬为俗不可耐。我希望你既拥有尽可能多的知识，又能够拥有把握这种知识的能力。学识丰富的人常常自恃于自己的知识，从来不会听周围人的意见，甚至强行把自己的观点灌输给周围的人，这样的结果是常常让对方受伤，甚至开始发怒、反抗。

为了避免上述情况，我给你一个忠告：当你知道得越多，就越应该保持谦逊。即使你对某件事情非常确信，也要表现得半信半疑，不太有把握；你只需陈述自己的观点，千万不要武断地发表自己的见解；要是你能说服其他人，先要认真聆听对方的陈述，然后表现出宽容豁达。这些都是谦逊的基本态度。

还有些喜欢卖弄学问的人，明明上学时什么也没有学到，偏偏喜欢拿出来炫耀。对于当前闭口不提，常常把古代的东西当作谈资，仿佛古代的东西比现代的东西、现代的人更加重要。他们不时惦记着过去的美好，对当前的产品极力抵制甚至污蔑。它们甚至会非常直率地告诉你，1700年以来，人类在艺术和科学上根本没有取得任何进步。我不是希望你忽视古代的东西，只是希望你不要拿出古代的事物到处吹嘘。讲到现代的东西时不要心存鄙视，提到古代的东西也不要盲目崇拜。年代并非判断事物的标准，应该从实际出发，从它们自身具有的优点进行评判。有些杰出的人，所说的涉及公众或是私人生活的名言警句，全都是从古代作家那些相似的句子里提炼出来的，这样不分场合的滥用非常荒唐。他们没有想到过，世界上没有两片完全相同的叶子，更没有出现过两个相似的例子，即使史学家也不会非常清楚每件事情的细节。我们应该从实例本身进行推论，致力于发掘它的细节，而不是盲目地听从古人的权威发布，也不要迷信书本，外在的一切都是参考，千万不要失去自己的理智，只有理智才是你唯一的向导。

因此，要是你既不想被人指责，也不想让别人知道你的无知，那么最好的办法就是不要卖弄学问。尽量使用和周围人一致的语言进行交流，避免使用大量引用的话。千万不要使自己显得比别人聪明或是更有学问。

对待知识后就像对待自己的怀表一样，只要放在口袋里就好，没有必要时时拿出来炫耀，要是别人问你时间你就拿出来看看，要是没有人问你，你没有必要像敲钟人一样，准时出来给人报时。

学识是非常有用的装饰品，缺少它你就会感到羞耻。与此同时，你也要谨慎从事，不要犯我刚才提到的那些错误。

第27封信　欣赏戏剧，丰富想象

> 如果你想从阅读中获得值得你永远铭记在心的知识，你就应该花更多的时间去研读那些无疑是富有天才的作家们的作品，不断从他们那里取得养料。
>
> ——塞涅卡

亲爱的孩子：

最近公演的悲剧《瓦农》，不知道你看了没有，会有怎样的评价。我看过之后，觉得有必要跟你讨论一下我对戏剧的品位。

《瓦农》除了台词上稍稍欠缺一点，情节设置和舞台背景却很出色，大灾难也表现得很逼真，我想现在巴黎的大街小巷一定都在谈论这出悲剧，发表自己的看法。在英国各个阶层的人士都很喜欢就一件事情发表自己的看法，在他们看来这种评论不但能够提升人们的欣赏口味，而且在众多的评论中能够引导人们做出正确的判断，所以英国人欣赏戏剧的水平不断提升。但是在众多的声音中你会发现，有些评价往往过于浮夸、甚至是些脱离实际的空谈，这样的结果可想而知：既没有愉悦感也没有什么实际意义。而且你仔细观察，说出这样的话的往往是英国妇女，天生的严肃沉默加上孤陋寡闻，教育水平有限，自然说出的话水平也有限。

英、法两国的戏剧都存在一定的局限性。例如，英国的戏剧缺乏应有的统一性，这在戏剧行业简直是臭名昭著，而且，在舞台上频繁出现死亡、凶杀、酷刑、尸体等等恐怖血腥的场面，这些都应该尽快删除。而法国的戏剧简直就像说教，大段大段的独白，虽然论辩慷慨激昂，这也是违反戏剧的统一标准，适当地删减情节和台词，适当增加动作会让法国戏剧更加吸引观众。再从剧作家来说，英国剧作家太肆无忌惮，完全超越任何约束。相反的，法国剧作家就像强权国家制度下的奴隶，没有充分的创作自由。经过一番改进之后，相信无论是英国戏剧还是法国戏剧，都会给观众一种耳目一新的感觉：剧中对白长短适中，情节场景吸引更多人的注意，地点从封闭的室内延伸到一条街或是整个小镇，戏剧故事的时间从一天延长到几天，故事更加完整吸引人，再也不会出现观众打哈欠睡觉的现象。

戏剧作家本身的智慧和丰富的想象，剧中人物遭遇的不幸和痛苦，对命运的抱怨慨叹，内心情感的抒发，都会触动观众的情感。所以，欣赏悲剧是要观众加进自己的想象的，从中体验悲剧的魅力。

一切人文艺术都是源于生活，高于生活的，脱离生活的艺术无法让观众产生共鸣。就人类而言，心灵最脆弱的地方，情感也最强烈，是无法找到语言来表达的。悲剧就是要通过剧中主人公的高贵之口将感情说出来，以台词的形式写下来。但是美中不足，法语韵律感不强，导致法语戏剧表达不够有力。

喜剧跟悲剧一样来源于生活，但是更贴近生活，韵律感自然更要鲜明。

歌剧就不同了，从头至尾的歌声，有节奏的歌声和击鼓声，甚至剧中人物、动物、布景都会随着竖琴的伴奏跳起舞来，整个舞台都是有节奏的、和谐的融为一体。这种情况下，你的理智和判断力还有用吗？只带着眼睛耳朵去就行了。所以我说歌剧简直就是在迷惑观众的视觉和听觉，让观众丧失判断力后置身魔幻世界。

今天，我在这里谈到我对戏剧的看法，虽然跟传统的戏剧欣赏品位相左，但是多年的经验告诉我，这已经不能有什么变化了。在我这个年纪的人，不会顾及别人的看法，只凭自己的感觉和思想进行判断和选择。而年轻的你，不得不表面遵从传统，追寻时尚潮流，附和大多数人的观点。不过真的有什么偏见的话，你们可以私下里讨论，用温和的态度加以抨击。尽量倾听别人的看法，假装接受，冷静思考后形成自己的观点。

第28封信　从生活中，学习真知

> 生活得最有意义的人，并不就是年岁活得最大的人，而是对生活最有感受的人。
>
> ——卢梭

亲爱的孩子：

人的生命是有限的，有时候为了匆匆赶路往往顾不上看路，因为急于往前赶，很多值得学习、值得珍惜的东西就从身边悄悄溜走了。如果稍稍停留仔细欣赏，就会发现生命中有很多宝贵的东西。有时候学问和真理不一定在书本里或是实验室里，科学上的重大发明，都是由生活中的小事激发出来的。在我看来，生活就是智慧的源泉。

生活中的知识永远学不完，与书本知识相比，你不用任何的参考资料，只需要留心观察，体验，得到的学问就远比书本上的多，而且实用。有时候，从小事的观察中还会得到无穷的乐趣，给人留下的印象更加深刻。你现在到过法国，对那里有一定的了解，那么你对比过英法两国的政治制度和法律条文吗？听到有人谈论一个你从来不熟悉的话题时，你会心里盘算着去询问相关的知识吗？还是羞于启齿？不仅是你，大多数英国人，就连本国民事部门的管理者或是军队统帅是谁都不知道。当然，书中有关法律或是习俗的介绍也不应该丢掉，追究根源了解清楚。生活需要法律规定的限制，法律使生活更加和谐。我让你了解法律并不是让你成为一个律师，只是想让你知道它与生活的关联。例如，法国人对于土地的继承问题，是传给长子还是平分给后代子孙？在英国就有明确规定，除非其他孩子被剥夺继承权，土地才会全部给长子。要是父亲死后没有留下遗嘱，那么他的孩子就会平分土地。在德国又是另外一种情况，封地和其他土地的分配方式不同，为了保证世袭家族的延续，无论男孩女孩、年龄大小，封地一律由男性继承；其他土地则平分给每个孩子。

爱情在人类所有感情里是最伟大、最真挚、最崇高的感情。人的一生什么都可以没有，但是绝对不能没有爱情。没有爱情的生命是黯淡无光的，它能治愈人们心灵的创伤，源源不断地给生命注入希望和活力。当你和心仪的女人走进婚姻的殿堂，共同迎接生活的挑战时，你去探究过它的实质吗？在英国，丈夫是一家之主，拥有妻子的全部财产，只是定期给妻子一些生活费，用于家庭开销，丈夫死后妻子才可以继承一部分遗产。在法国，情况会是什么样呢？你可以向已婚的妇女打听打听，我想她们会很乐于跟你倾诉一些内情。

聪明的人并不满足于对书本知识的追求，他们往往有极大的好奇心，敏锐的观察力，兴趣广泛，愿意与人交流获得各种新鲜知识。有时候，极小的一件事情也会激起他们强烈的求知欲望，比如凝视百合花的花蕊，吃香蕉时仔细观察香蕉籽的排列状况，观察雪花的星状迸裂。愚笨的人只看想看的东西，却不注意实际存在的世界。詹姆斯·巴里视察海军基地时，紧盯着用来迷惑敌军而停靠在港口的假军舰。突然他回过头来对侍卫说："这些假货有问题，四周没有一只海鸥，敌人会发现真相的。"于是他下令扔一些食物以吸引海鸥。这就是观察生活的力量，同一件事情，从一个角度观察是灾难，从另一个角度观察就是幸福。从生活中学习，最重要的是留心观察生活，体会生活。

我年轻的时候总是漫不经心，遇到困难就退缩，结果现在回想起来真是后悔不已。我恳求你从现在开始，趁年轻学会多多提问，把知识领悟透彻，不要浅尝辄止。千万不要认为这样会给别人带来麻烦，反而，提出的问题越是中肯，别人会越认为你真正动脑思考过，这是对你本人的一种默许和赞扬。对于渴望知识的年轻人来说，没有什么比好学上进更加吸引人，更加富有魅力了。

亲爱的孩子，生活是个大课堂，供我们学习的知识难以计数，努力去吸收各种营养，不断完善自己、强壮自己吧。

第29封信　向周围人，虚心请教

> 虚心使人进步，骄傲使人落后，我们应当永远记住这个真理。
>
> ——毛泽东

亲爱的孩子：

我不惜任何代价，供你接受最好的知识机会，盼望着你能成为一个完美之人——这是我现在对你唯一的期望。与之同时，我也担忧你是否能成为这样的人。因为这个世界上根本不可能有人达到十全十美的境界。你知道，十个手指头伸出来还不一般长呢！不过，我相信，你会立刻下决心向完美奋进，并以此向我证明你尽最大努力了。

在这里，我想告诉你：不管做什么事情，一定要全心全意地去做，力求尽善尽美，并坚持到底。如果一遇到困难，就打退堂鼓，或半途而废，那么做它有什么意义呢？浅尝辄止简直就是一无所知，甚至还会带来更坏的结果，误人子弟，不是吗？虽然世界上没有人样样都精通，但每个人都有自己所熟识的事物，而且乐于与人分享这些话题。只要你“不懂就要问”，你必将有所收获！就说我吧，每次见到你的时候，我都问你这样那样的问题，直到你给我满意的答复……其实，最开始的时候，我想你一定不会在乎这些，但让我惊讶的是，你竟然耐心地一一做了答复。结果，解开我的疑惑，增长了我的见识。记得巴尔扎克说过：“对于一切科学之门的钥匙都毫无疑义的是问号，我们所有伟大发现都应该归功于‘为什么’。而生活的智慧源于逢事都问个为什么。”

纵观历史，世界上许多有名的科学家，无不靠虚心求教来寻求和积累知识，创造奇迹。就像伟大的科学家爱因斯坦曾说：“我们所能经历的最美好的事物便是神秘的未知。它是所有艺术和科学的真正源泉。”社会就像一所大学，你周围的每一个人，你经历的每件事，以及你所得的经验和教训，都是你的老师。但是，人的智慧有限，而知识无涯。尤其在追求新知的过程中，不免会碰到各种各样的疑惑。只要你实事求是，诚恳地向别人虚心请教，而且要有打破砂锅问到底的精神，自然会赢得你所希望的一切合理的东西。

事实上，虚心向别人请教并不是一件丢面子的事情，而是你尊重他人的一种体现，也是你爱学习的一种体现。虚心向他人请教，虚心接受他人的建议，才能集思广益。这也是获得知识最有效途径。无论向谁请教，你的态度一定要诚恳，认真。请记住，古代的一句教育名言：“敏而好学，不耻下问。”

第30封信　理性判断，独立思考

一个人到学校里来上学，不仅是为了取得一份知识的行囊，主要的还是为了变得更聪明，因此，它的主要的智慧努力就不应当用到记忆上，而应当用到思考上去。

——苏霍姆林斯基

亲爱的孩子：

你已经到了独立思考的年龄了，应该能对事情深思熟虑了，虽然像你这么大的年轻人能够做到这一点的还不多，但我还是希望你成为一个善于思考并热爱思考的人，这样你就可以学到真知，了解更多的真理。说心里话，最近几年我才真正学会独立思考。我像你这个年龄的时候还远没有学会，所以多年以来我对自己掌握的东西没有很好地利用和充分的吸收，只是单纯的照搬书本上的东西或是遵从周围人的看法，没有仔细探究事情的对或错。因为在我看来，随大流比刨根问底省事多了。如果每件事情都去再三斟酌，一是嫌较真儿麻烦。二是，这样的年龄应该是沉迷于娱乐，根本没有时间思考上流社会的问题，总是带着叛逆情绪来看待一些人和一些事。久而久之，我就被一些偏见迷惑住了，让偏见牵着鼻子走，没有自己的主见。可是当我察觉这样不对劲的时候，我发现自己对事物形成了错误的认识，一错再错，很难再改正过来了。这样的习惯一旦养成，单凭个人力量是很难改变的。于是我花大力气重新思考，重新尝试着用自己的判断力审查一切，我对整个世界有了全新的理解。

我的第一个偏见是对古典主义的盲目崇拜。我读过许多古书，并且接受了导师传授的古典知识。以前我深信，人类历史发展到现在，早就没有了理性和诚实，而在古希腊罗马时期却是非常出色的。你可以想象这种看法是多么荒谬。我竟然认为，荷马与维吉尔没有任何错误，因为他们是古代人；而弥尔顿和塔索的作品缺乏思想，因为他们是现代人。我甚至按照古人的观点，叫嚣西塞罗多么荒谬，他根本称不上是一个哲学家。现在，我不需要凭借所谓的天才的努力便会深深了解：3000年前的自然界和现在一样，而3000年前的古人和现代人也没有什么差别。虽然时尚和习俗在不同的时代变化会比较大，但是人类的本性一直没有改变。如果说3000年前的动植物与现在相比没有进化是荒谬的，那么认为3000年前的人类比现在的人类更可靠、更聪明、更英明，也是毫无根据的。荷马笔下的英雄阿喀琉斯，现在在我眼里就是一个残暴的人，是无赖、恶棍，他不关心自己的国家，因为跟主帅阿伽门农发生了一场争吵就滥杀无辜，自认为刀枪不入，事实上他却有着致命的弱点——阿喀琉斯之踵。另一方面，我想对极度崇拜现代的狂热分子说，古代的事物有优点也有缺点，古代的人有美德也有恶习，现代人，现代事物也是同样的道理。

随之而来的是第二个偏见——宗教。我对宗教的偏见根深蒂固。我一度坚信，这个世界如果没有英国国教做基础，那么世界上最正直的人也无法得到拯救。当时我不知道人们的想法或是意见并不完全相同，甚至截然相反，这是理所当然的。什么都无可指责，反而应该相互包容。

我的第三个偏见就是对“现代文明”的极力推崇。以为这样可以在上流社会出人头地，总是装出一副“玩世不恭”的模样。我发现这样的纨绔子弟在社交圈里备受欢迎，于是不假思索地把他们当作榜样去模仿。期待以此吸引众人的目光，但我却没有进一步探究这么做的后果。到了这种年纪，我不再担心会发生这样的事了，因为无论那些优秀的人士多么博学多才，多么处世圆滑，“玩世不恭”都是他们身上的污点。如果你希望以此引荐自己，一定会事与愿违，不仅不会赢得别人的重视，反而会让人鄙视。

为了得到成熟的判断，千万不要被“看似合理的事情”迷惑。更要提防有较强理解力和心思缜密的人，在努力奋斗中因一时疏忽产生的错。因为这样的错误往往披着温和的面纱。例如，有一种观点认为，专制制度下没有真正的艺术和科学。那么人类的艺术细胞会随着人身自由而被封闭起来吗？人类会被剥夺自由抒情的权利，但是胸中满腔的热情永远不会被夺走。许多法国作家：高乃依、拉辛、莫里哀、包华洛就是公认的，在路易十四压制下写出淋漓尽致作品的大作家。

谨记：把理性作为判断一切的标准，只有经过思考、分析和检验，才能形成正确的判断。不要让任何事情左右你的判断，误导你的行为，尽早学会独立思考。这个过程可能会花费你一定的时间，但是绝对值得。我不能保证万无一失，因为人类的理性并不那么真实可靠，但是至少会把错误降到最低。上帝赐给我们头脑就是要用来思考的。读书和交谈对此有所帮助，千万不要怕思考麻烦而轻易放弃。

第31封信　正面话题，避免俗套

不要迷信权威，人云亦云，要树立独立思考的科学精神。

——谈镐生

亲爱的孩子：

说到那些毫无出奇、最庸俗的评论，我尤其要提醒你，千万不要一股脑地随声附和，更不要盲目地全般套用。换言之，切莫让自己的见解随大流，没了主体意识！古人曾说“吠声者多，辨实者寡。”意思指一只狗叫，许多狗闻声也跟着叫，人云亦云的人很多，辨清实情的人却很少。它讽刺了人云亦云的盲从现象，实在令人深恶痛绝。其实，一个善于交际和表达的人是能够深刻认识事物本质，并清晰准确地表达与众不同的观点；真正明智的人是绝不会盲目地接受和支持这些俗不可耐的评论，反而不屑于鄙视那些只会耍小聪明的人。

根据观察所见，有些俗不可耐的评论，听起来好像不容置疑的真理，但是在其他地方一样的可以听到。因为那些随波逐流的人把它当成展示自己重要性的大舞台。为了能在别人面前显摆他们自己的聪明，而一味地抛出和插嘴庸俗不堪的话题和评论，并以此来“咬舌根”，更甚乐而不疲。除了这些，他们什么也说不出来。“矮人看戏何曾见，都是随人说短长。”有这么一个故事，说得就是这种意思：

很久以前，一位叫彼得罗一世的国王向国民宣布公开选拔大法官。消息一传出去，很多人都跃跃欲试。第一天，有三个毛遂自荐的人来到宫殿，其中一个是宫廷的贵族；一个是骁勇善战的士兵；还有一个是小学的教师。于是，国王对他们进行一次特殊的考试，把他们带到一个池塘边，只见池塘上漂浮着几个苹果。众人们都不明白国王的意思。“池塘上一共漂着几个橙子啊？”这时，国王向他们问。贵族第一个走到池塘边，开始点数。“一共是6个，陛下。”国王没有表态，继续问士兵同样的问题：“池塘上一共漂着几个橙子啊？”“我也看到了6个，陛下！”武士甚至没有走近池塘就直接回答了国王的问题。国王没有说话。“池塘里有多少个橙子啊？”他最后问教师。教师什么也没有说，径直走近池塘，脱掉鞋子，进到水里，把橙子拿出来。“陛下，一共有3个橙子！因为它们都被从中间切开了。”教师说。“只有你知道这个方法。”国王说，“在得出最后的结论之前，我们应该加以证明，因为并不是所有我们看到的都是事情的真相。”

故事告诉我们，不管遇到什么问题，一定要独立思考，分析原因，找到自己的合理答案，哪怕答案是错误的，也不要“随大流”，人云亦云。罗曼·罗兰说过：“即是通过自己的努力知道一半真理，也比人云亦云地知道全部真理要好得多。”也如一位名人所说：“真理往往是在少数人手里，而少数人必须服从多数人，到头来真理还是在多数人手里，人云亦云就是这样堆积起来的。第一个人说了一番话，被第二个人听见，和他一起说。此时第三个人反对，而第四个人一看，一边有两个人而一边只有一个人，便跟着那两个人一起说。可见人多嘴杂的那一方不一定都有自己的想法，许多是冲着那里人多去的。”

孩子，你知道吗？“说话水平是学识的标志。”一个人想要有所成就，仅仅凭借才能是不够的，还需要敏锐的观察力、严谨的思维、一流的口才等等。不管什么时候，对于你所感兴趣或所谈的话题，我希望你说话不落俗套，发表的见解有理有据，清晰、有条理、让大家能感到轻松、愉悦，而绝不可以含糊不清，甚或庸俗不堪。

第32封信　重大事件，深入思考

假如发生的事情都是伟大的，就不会有琐碎的谈话。

——赫兹里特

亲爱的孩子：

正如我之前告诉你的那样，从现在起，你还有36个月可以利用的时间。你能否利用好它，将直接关系到你未来的发展方向。你一定要慎重地给自己做个规划！切莫把宝贵的时间，眼睁睁地消耗在那些无所事事上，或者为了享受快乐、获得声誉等而不惜以分秒为代价！对于你的选择，我相信你不会让我失望的。

据我观察，有一种懒散头脑的人，本身学识浅薄，对问题分析就不全面、不深入，遇到一丁点困难时就打退堂鼓，先入为主地认为困难是无法战胜的，却又轻浮，喜欢拿自己懒散找各种借口，“高呼”世界上几乎没有任何事情值得他们付出时间和精力，也不可能实现，更不要说让他们把注意力集中在一个具体的事情上，那得多费劲啊！对于这类人而言，只要看起来有困难事情就是不可完成的事情。事实上，“办不到”“没办法”“我不会”只是懒散之人的借口，他们也永远无法突破，更不要说取得成绩了。只要用心去做每一件事，难道世界上就没有真正办不到的事情吗？足见，懒散的头脑是恶魔的工厂。懒散没有牙齿，却可以吞噬人类的智慧。他们不爱思考问题不说，还阻止他人思考问题，以致在他人面前谈论这些话题，尤其是与爱思考的人交谈的时候，他们才发现自己是多么的浅薄、无知。

正好与之相反的，是一种不知轻重缓急，过分关注无关紧要事情的人，往往把重要的问题抛在脑后。他们看起来一直忙个不停，到头来却捡了芝麻，丢了西瓜。唉！这种人得不偿失啊！比如，与人交往的时候，他们几乎不会去了解对方身上具有的优点，而是一股脑地观察对方的衣着打扮；去影院看电影，只热心于评论细枝末节，却不明白电影的主题意义所在，等等。

正所谓：近朱者赤，近墨者黑。一根稻草，腐烂在稻田里就是肥料，与白菜捆在一起就是白菜价；与蟹绑在一起就是蟹的价。一个人与不同的人在一起就会出现不一样的价值。与君子交友，会受到好的陶冶，心灵也会得到净化；与小人为伍，也不免要受到恶的熏染，心灵变阴暗。所以，对于上述两种人，我奉劝你，不要靠近他们。你应该像真正的绅士那样，不管遇到什么困难，都要保持头脑冷静，寻找办法解决它们。

在你这个年龄段，为人处世，就应该表现出坚忍的意志、心思的缜密、反应的灵活、行动的坚定。我并不认为你是一个生性缺乏活泼气质的人，只要你生活态度再积极一些，你就一定赢得身边人的尊重和喜爱，你也可以出人头地的。为此，必须立刻付出行动，才可以实现这一切的美好愿望。首先就是要必须学习，增长见识。比如，了解世界各国历史、风俗、政治经济，等等。

我知道学习中，有些学科的专业性强，对于不打算从事这些专业的人而言，不必做过多的学习，可以浅显的了解一下，至少在众人面前谈起此话题的时候，知道其所以然，当然，用几句专业术语发表一下看法更好了。比如说航海知识，对于一般人而言，只要了解一些一般性的知识就足够了，甚或可知可不知。可是，有些知识则具有共通性。不管以后你从事什么职业，都有必要了解和掌握的。比如语文写作、历史、数学、地理、哲学……如果知之甚少，恐怕会让人觉得知识贫乏了。顺带一句，如果追求的境界再高一点，还可以了解不同地域、国家的政治经济、意识形态、国防军事等等。如果你多了解一些这方面的知识，说不定将来还可以用到其他的地方呢！不过，学习和掌握这么多的知识，的确也不是容易的，花一些心血自然不用多说。只有勤奋的人才会想方设法，克服任何困难，获取自己想要的知识。也只有孜孜不倦地去学习，是没有学不好的。

为此，我建议你多读书，读好书，汲取书中的精华，增长见识。一旦拿起一本书，一定要坚持读完。我可不希望你再说："我不喜欢做这样的事情，我也根本做不到。"当然，我也相信你不会再说这句话了。在我的人生字典中，不论在精神上还是在肉体上，绝对不可能有"做不到"三个字。不管事情难易与否，如果你轻易说"做不到"，难道你不觉得这实在是一件愚蠢的、可耻的事情吗？还有，与人交往的时候，不要过分关注他们的衣着打扮，而是多说一些积极、有意义、活跃氛围的话题。这样不仅可以给交谈带来欢声笑语，而且可以趁机了解不同的人对同一个问题持有的不同观点。如果你的话题让对方感到值得一谈，请相信我，他们绝对会给你热情的答复。

德国宗教哲学家马丁·布贝尔曾说："品格不是凭空产生，人的品格是在自然和社会环境的影响下形成的。名副其实的教育，从本质上讲就是品格教育。"品格是"人之根基"，是个体素质中最直接、最重要、最优越的潜质。良好的品格是人性最高形式的体现，是构建社会文明的原动力。通过品格教育可以最大限度地提升人的价值和境界。特别是，对于一个优秀男人而言，品格不仅是他必须要具备的，更是定位其"完美灵魂"，确立其"美好德性"的唯一标准。

第三章

品格完美人性

第33封信 培养品性，接近完美

完美的人格，高尚的品德，是从实际生活锻炼出来的。

——叔本华

亲爱的孩子：

提及完美，我想起一个制造商说的话："能做一枚质量过硬的针，也不只会制造一台糟糕的蒸汽机要挣钱。"的确，每一个人都在努力追求十全十美，它是一个终极目标。正如法国文学家罗曼·罗兰说过一句话："世人总是精益求精。"但是，要追到它，可真不容易。

昨天，我与海文女士聊起你的事儿。现在，我把我们的谈话内容全部告诉你：

有一些悲观消沉、好逸懒散的人，每每一脸惊讶地问我："啊！你想让你的孩子成为十全十美之人？你的孩子心地善良、头脑聪明、有学问、知进取，你还奢侈什么呢？你知道，世界上根本就没有人做到尽善尽美，'金无足赤，人无完人'。"

"为什么不能这么想呢！我坦诚，世界上没有人能做得完美，十全十美是一个抽象的概念。虽然我确信他不可能做到完美，但是在品性的完美上，我希望他能认真对待，而且是他力所能及的事情。我希望他拥有温文尔雅的谈吐，绅士的风度，做事热情务实等，这对他没有什么不好，不是吗？"我反驳。

"这是一些没有意义的事情，你完全没有必要过多地关注。其实，认识你孩子的人没有不喜欢他的。不过，他还年轻，以后会做得越来越完美的。"

“听你们这么说，我实在很开心。我也希望他做得越来越好。年轻的时候就要好好打基础。但是，如果你们认为我所关注的这些事情没有任何意义可言，那你们就太不了解人性了。因为只有让品性完美，才可以深得人心。我绝不允许他在言谈举止上有任何差池。”

“好啦，好啦，你把心放肚子里吧，他会做好的。不过，你遇到过这种十全十美的人吗？”

“我相信他。我更希望他成为一个像博林布鲁克爵士那样出类拔萃的人。博林布鲁克爵士就是我见过的完美之人。他所具有的许多品质，我的孩子也具有。没有什么可以阻止我的孩子成为十全十美之人，除非他完全忽视这些对他非常有意义的事情。”

……

看过这些，不知你有何感触？事无巨细，如果一个人想出人头地，他必全力以赴求其完美。不过，生活中，确实就有那么一种悲观消沉、好逸懒散的人，他们总是认为实现十全十美就是一种凭空幻想，而且极其愚蠢地自欺欺人，从不愿积极进取。我绝不希望你成为这样的一类人。我的初衷——是让你成为聪明、勤劳勇敢的人，凡事都会竭尽全能，精益求精。这类人把“一切追求十全十美”作为人生格言，并对完美不懈追求。这也是成功人士的一种标志。

因此，无论在什么地方，多结识和观察一些上流社会之人的言谈举止，尤其要向那些比你还优秀的人学习，取长补短，以完善自己。如果你认可我的这些观点，希望你好好学习，并把它们付诸实施。

第34封信 品质高贵，印象深刻

没有伟大的品格，就没有伟大的人，甚至也没有伟大的艺术家，伟大的行动者。

——罗曼·罗兰

亲爱的孩子：

我们清楚地知道，人们对事物的认识，通常受其内心的情感所左右。而真正能够给人们带来良好心情和感受的是人们所具有的某些必要的品质。爱默生曾说："品质是一种内在的力量，它的存在能直接发挥作用，而无需借助任何手段。"《加图》的作者阿狄森指出"必要的品质"是：亲和、礼貌和幽默感。如果一个人拥有出众的才华和高贵的品质，可以让他赢得人们的敬仰和尊重，那么具备某些必要的品质，将会让他赢得人们的友情和关爱。

本杰明富兰克林被称为美国之父。在谈起成功之道时，他说这一切源于一次拜访。在他年轻的时候，一位老前辈请他到一座低矮的小茅屋中见面。富兰克林来了，他挺起胸膛，大步流星，一进门，"砰"的一声，额头重重地撞在门框上，顿时肿了起来，疼得他哭笑不得。老前辈看到他这副样子，笑了笑说："很疼吧？你知道吗？这是你今天最大的收获。一个人要想洞察世事，练达人情，就必须时刻记住低头。"富兰克林把这次拜访当成一次悟道，他牢牢记住了老前辈的教导，把谦虚列为他一生的生活准则。

从故事中，我们可以看出某些必要的品质，可以让一个才华出众和品质高贵的人增色不少，而缺失这些品质，一个才华再出众，品质再高尚的人也不会获得人们的尊重和友情，反而还会引起人们的嫉妒和蔑视。

众所周知，一个傲慢、自负的人往往认为自己表现谦虚，其实这比他的鲁莽更糟糕，更让人厌恶不已。因为他硬要用一种让人家领情的态度，以表现他的仁慈，而不是给予热情和友情。一个“金钱至上”的人表现出的大方，总会含沙射影地触及他人的痛楚，处心积虑地让人们感受财富的差距……生活中，此类情况不胜枚举。我希望以你的判断，做一个拥有优雅的谈吐、文雅的态度的人，因为这样会令人们对你的印象更深刻，并且有助于发现和挖掘你身上更优秀的品质，获得他们的友情和喜爱。

第35封信　品德高尚，引人瞩目

品性是一个人的守护神。

——赫拉克利特

亲爱的孩子：

你就快毕业了，要踏入社会闯出自己的一片天地，不知你是否做好了思想准备？这一即将到来的时刻，对你而言极其关键。我既热切地期盼着它的到来，又寝食不安。在你独自一人去巴黎之前，我希望你好好对待每一件事，尤其是塑造作为一个优秀男士所必须具备的品德。

也许，对于这样的话题，你不感兴趣。因为每一个人都明白这些空洞的大道理。但是，以我几十年的亲身体会，我要严肃地告诉你，你懂不懂得这些大道理并不重要，重要的是你拥有了没有。当然，我相信你通过努力会拥有的。

众所周知，在诸多品德中，诚信是做人之本。生意场上，如果想要获得成功，商人不仅要拥有卓越的经商智慧，还必须以诚信的品质和良好的礼貌为根基。在商品质量和服务得到信赖的情况下，他们可以通过各种各样的手段来迎合顾客的购买欲望，满足其消费需求，以让自己尽可能多地卖出商品，最大限度地获得利润。但是，如果他们做出任何失信消费者的举动，即便刚开始时侥幸大赚几笔，也必将遭到失败的惩罚。因为没有诚信，就不会迎来顾客；而没有礼貌，就不会有回头客。

说到这儿，一个初入社会的年轻人，何尝不讲究呢？如果他没有实实在在地培养起诚信的品质、高尚的道德情操、良好的礼貌，也许他可以像一个德才兼备的人那样引人瞩目，但在社会的大课堂上，这种虚伪的闪光点经不起任何考验，很快就会原形毕露，遭到人们的轻蔑和唾弃。如果他因为考虑不周全，犯了一些小错误，人们往往会比较容易原谅。但是，如果他品性上出现任何一点问题，人们就很难接受。随着时间的推移，年轻人做事越来越理性，经验越来越丰富，如果他能够意识自己的过失所在，并为此感到羞愧和迷途知返。尽管品性并不会随着年龄的增长而变得越来越好，甚或还会变得更糟糕，但这是有很大的教育意义的。

我诚挚地祈祷，你拥有完美的品性。不过，仅仅如此，是远远不够的。你还应该把它展现出来，从而为自己赢得一个良好的名声。在为人处世的堡垒构建上，你必须一开始就得小心翼翼地打牢根基，否则它很快就会坍塌，甚至砸伤你自己。比如，生活中你喜欢大手大脚地花钱，养成一个坏习惯；做事一遇到困难就退缩不前，没有自己的主见等等，这些行为你视而不见，那样只会使你在坏品德的深渊越陷越深。

虽然你还年轻，涉世经验不足，但你一定要洁身自好，严格自律，努力培养自己的品性。此外，你必须擦亮眼睛，保持清醒的头脑，坚决憎恨和远离那些喜欢欺骗、撒谎、妒忌、诽谤的愚蠢之人，以防受其坏品性的影响，从而败坏自己的品性。因此，我希望，在与人交往方面，你能结合我的经验，总结出自己的心得体会，从而更加从容地与他人打交道。你也要尽早为自己的未来发展做个规划，同时，不断根据实际情况调整它、改善它，还要谦虚地接受他人的良好建议，尤其是哈特先生和我给你的忠告。

第36封信　接受教育，弥补天性

播种行为，收获习惯；播种习惯，收获性格；播种性格，收获命运。

——谚语

亲爱的孩子：

最近，我一直没有收到你的信。我想，也许路上出了什么意外而造成了延误。不过，这并不重要，重要的是我关注你事情做得怎么样，并不是你现在的生活情况。尤其是这段时间，我总是猜想你有没有去做一些有意义的事情，有没有形成一种良好的品性。

在你这个年龄段，你拥有健康的身体，若再加上你的自觉意识，让你的生活呈现出一种规律，那么你肯定过得不错。如果你的大脑也得益于这种方式的运转，而不是肆意地放纵它。你更会过的舒服。换言之，就是你需要充分的运动，以及其他更多的关爱和呵护来维持它的健康、活力状态。在社交场合，观察一下你周围的人，不难发现，接受过良好教育的人要比那些知识浅薄的人表现得优雅、风度。如让你在他们的交往表现上做一个评判，你一定会倾向于前者。因为那种风度的仪态、优雅的谈吐，得体的举止等，是一种让人感到舒服的真实优点，也是一种发自内心深处的品性。而那些不懂得人情世故的人是绝对不会这么做的！

谈到品性，据研究显示，一个人品性的形成，教育的影响相当明显，教育的确很有价值。这也就是接受良好教育之人与知识浅薄之人的区别所在。在这儿，我必须再一次说出我的期望和担忧。如果你想成为一名有所作为的人，你必须要接受教育，不断用知识来武装你自己。奥地利著名教育学家曾说过，“名副其实的教育本质就是品质教育。”我希望，你好好珍惜时间，尤其是接下来的几年，这是你的发展以及人生观、价值观和世界观形成的重要时期。你一定要好好抓住它，并通过你的实际行动让自己变成一个优秀的人。不过，有时我也担忧你会忽略那些看似微不足道的品性——温文尔雅的礼貌，因为年轻人在学校里很少能学到有关这方面的知识，而这两点在现实生活中至关重要，甚至远远高于书本知识。

听说，你现在语速变快了，表达上却有些欠缺，这可是一种不体面的说话习惯，我之前就已经给你提过好多次了。真切的希望你能够认识这一点，并想方设法改进它，因为措辞准确、严谨、表达清晰、举止得体，将会为你增添形象，赢得人们的尊重和欢迎。

第37封信 德行纯洁，信仰作保

假如你的品德十分高尚，莫为出身低微而悲伤，蔷薇常在荆棘中生长。

——萨迪

亲爱的孩子：

关于宗教和道德的话题，我在信中很少提及。因为在这方面，我相信你会理性地理解它们。当然，如果你需要帮助的话，可以向哈特先生请教。现在，我在信中谈谈严格遵循宗教和道德的意义和必要性。

道德品行需要信仰作保。没有信仰，道德品行就不足为信。一个没有信仰的人是不会受到人们的尊重和信任的。在你这个年龄阶段，我并不希望你的一言一行像传教士或宗教狂热分子那样，但是你的道德品行必须要纯洁，而且要无可挑剔。没有什么比道德品行更微妙的了。否则，它只会使你遭到人们的唾弃和厌恶。如果有人给你戴上一顶“自私、不讲信用、心胸狭窄的帽子”，纵使你才华出众，也帮不了你获得人们的尊重和喜爱。

不过，生活中有一些无视道德品行的可悲之人，他们甚至鼓吹和散播连他们自己都无法相信的荒谬观点，声称自己是“地方主义者”。如果遇到这种人，你要小心地避免与其交往，不要赞同或支持他们的谬论，更不要和他们辩论。总之，你要敬而远之，否则，他们随时给你引来拙劣的影响。

事实上，无论在什么场合，你都要表现出对道德的鼎力支持。我不希望你刻意地炫耀它，甚或随意践踏它。还有，就是拒绝养成一种撒谎的坏习惯。人们往往为了掩饰事实真相，而不自觉地撒谎。在某种情况下，撒谎是一种善意和谨慎的体现，但不分场合的撒谎就是一种极其愚蠢可笑的行为，纵使为了要小聪明，或是出于某种自我利益的保护。然而，有的人却深深喜欢自己编织的谎言，沉浸在自己的幻想中，鼓吹自己听闻过世界上一切奇幻之物，并在其中自得其乐，或者趁机吸引人们的注意力，以炫耀自己。结果呢？人们不一定相信这些话，甚至唾弃其因自身利益而无所顾忌地进行更多的欺骗行为。就我而言，如果我听说或发现某些令人难以置信的东西，我绝对不会四处宣扬的，以免遭到人们的不信任，进而鄙视我的品性。因此。我热切地希望你保持德行的纯洁，并使它完善到无可挑剔的地步。只有这样，你的道德品行才不会被任何诋毁而中伤。

此外，在这个年龄，不仅要努力打拼事业，而且要懂得发现和享受生活的快乐。尤其与同龄人在一起的时候。为此，我建议你不要过于严肃的刻板。在追寻快乐的过程中，你绝对要保证你纯洁的道德品行不受熏染。时下，有些年轻人认为，只有疯狂地放纵自己才可以张扬个性，才可以与众不同。这简直是一个可怕的错误。因为一个人若没有纯洁的道德品行，他就不可能获得高贵的品质，而没有高贵的品质，他也不可能获得人生的成功。因此，只有让自己表现出值得尊重和高尚，才可以赢得他人的尊重和友谊。如果只是满足于平平庸庸，那你将一无所有。

第38封信 社会荣誉，规范品性

品格是一种内在的力量，它的存在能直接发挥作用，而无需借助任何手段。

——爱默生

亲爱的孩子：

你到了巴黎后，将会接触到一位著名的哲学家和法学家。他就是孟德斯鸠，著作《论法的精神》。在著作中，他首次提出三种不同的政治制度——君主制、民主制和独裁制，以及在不同政治制度下的教育模式。其中，我觉得他对有关“君主制下的教育模式”的见解很有意义。于是，我摘抄了一些主要内容，随信寄给你，你也来阅读思考一下。

“在某种程度上，一个人踏入社会的那一刻，教育就开始了。在君主制国家，社会才是教育的主要机构，而非各类学校。社会被称为荣誉的大课堂，在各个方面给我们指导。

在那里，我们的品质要高尚；我们行事要坦荡；我们言行要优雅——这是我们始终要学习的三条格言。

在那里，我们学习品德，与其说是为了让我们更好地对待他人，不如说是为了让我们出类拔萃地走向社会。

一般情况下，礼貌的来源并非纯洁。它源自人们想与众不同的欲望。这是人性中不可或缺的一部分，正由于这种自尊心，所以人们要表现得有礼貌，从而来证明自己不是低微卑微的人。也基于这种意识，人们采取各种做法来普遍推崇礼貌，并且获得自己满意的结果。

在君主制政体中，礼貌得到人们普遍的接受，彼此为以礼待人以及受到同样的礼貌而高兴。此外，礼貌渗透到一切思想中，甚至开始影响人们生活方式，思考问题的态度。

……

事实上，孟德斯鸠所观察的诸多社会现象，在我们国家同样存在，尽管英法两国的政治体制不同，但两国的君主权利没有多大的区别，政府礼仪也是大同小异——这儿是上流社交圈。如果你计划去某个国家旅游的话，最好充分了解该国家的信息，这样，你就会玩得轻松、从容、自由、快乐。

孩子，从我的话中，不知道你是否得出一个结论？你即将踏入人生的大课堂中——社会。这是其他学校所无法比拟的，你已经拥有的知识，在这里远非使你做个优等生那么简单。所以，你要投入热情，努力学习各种文化知识，认真留心观察和模仿优秀人士的优雅风度，提高你的社交技能。如此，你才会在这所新学校里名列前茅。

第39封信　雄心勃勃，提升自我

> 雄心未竟即是野心，野心已达便为雄心。
>
> ——高尔基

亲爱的孩子：

听说你在最近的文章里说对于野心和贪婪而言，你更喜欢野心，而鄙视贪婪。我很高兴你能认识到野心的重要性。事实即便如此，野心和贪婪还是截然不同的，这两者根本没有可比性。

野心是一种恶习，至少应该说是绅士的恶习。而贪婪是一种卑鄙、肮脏、下流的习气，至少我从未听说过哪个守财奴具备高贵和良好的品质。

并不是所有的野心都应该受到指责，我们应该根据目标和动机来判断，这个野心是应该受到责备还是应该受到赞扬。体现在暴君和征服者身上，他们为了满足自己的野心，疯狂地破坏世界、报复世界，随意践踏人类的权利，搞得民不聊生，这种疯狂的野心深受人们痛斥，他们是世界上最危险、最邪恶的罪犯。还有一种野心，想要在一切事情上超越他人，无论是美德还是善事，都力争做到最好。这种野心不仅不应该受到谴责，而且还相当有益，非常难能可贵，能够使人不断地提升自我，应当将它从一颗微小的种子培养成参天大树。

我希望，甚至应该相信，现在你也有小小的野心。因为当我像你这么大时，曾有过强烈的想要超过同龄人的，想要在一切事情上都让人称赞的野心。因此，无论在什么事情上，我都要付出比别人多的努力。我刻苦学习，想在学识上胜过他人；如果他们在游戏上比我更懂得诀窍，更加聪明，我就努力改善自己的技巧；每当看到他们的坐姿、走姿、舞姿比我优雅得体，我就会内心感到不安，想要变得更加优雅。千万不要忽视了这些看似微小的事情，它们在日常生活中发挥的作用，往往比你想象的要重要，也更加实用。尤其在你今后的工作中，有助于发挥你的特长。当你的专长被充分地展现出来的时候，那么你就会成为万众瞩目的焦点，出类拔萃的典范，备受大家欢迎。我在这里再三强调的“专长”，我相信你应该知道是指什么，那就是在公共场合和私下交流里做到言语流利，用词准确。你知道我对你的要求，我希望你具备良好的口才，对任何人、任何场合都能应对自如。

西塞罗曾经这样说过：“值得称赞的野心，首要目标是学会演讲术，这是人与走兽之间最主要的区别。”他把野心勃勃当作毕生追求的目标，将野心作为取悦他人和迈向成功的钥匙。

野心不仅能给演讲者带来无尽的快乐，而且能让听众得到高尚的欢乐。通常的时候，人们表现出来的口才不佳，并不能做到在任何时间、任何场合都能不出纰漏。

孩子，我马上会给你寄上两本关于西塞罗的文集，里面有他对各种问题的看法。一个拉丁文版本，一个法语版本。你要仔细对照研读，有关对口才的理解部分，我已经标注出来了，请你仔细品味，慢慢地心领神会吧！

第40封信 骄傲虚荣，事与愿违

决不要陷于骄傲。因为一骄傲，你们就会在应该同意的场合固执起来；因为一骄傲，你们就会拒绝别人的忠告和友谊的帮助；因为一骄傲，你们就会丧失客观标准。

——巴甫洛夫

亲爱的孩子：

骄傲与虚荣都是人类的本性，有时候它驱使人干坏事，但是后果都是事与愿违的。在别人面前吹嘘自己，无论怎样都是让人感到这是唐突无耻的行为。

对于这样的无耻行为大致能分为两种：

第一种，有些人说得比较委婉巧妙，不是特别明显。为了向别人展示自己的美德，他往往编造不存在的事情，比如说别人对自己指控，或是别人诽谤自己，事实上，这都是他自己强加在自己身上的“痛苦”和“折磨”。没有人对他进行所谓的不公正的、残暴的指控，总是声称自己是受害者，自己是正义的一方。换做一个正常人来说，当我们的人格受到侮辱，或是人品遭到质疑的时候，我们肯定会说些维护正义的话，他则一概不说，还尽力显示自己的谦虚有礼。这样的谦虚有礼掩盖着内心的极度虚荣，但是这样的掩盖实在是太透明、太露骨，以至于无法掩饰强大的虚荣，很容易被人看穿。

第二种，这种掩饰在他们自己看来是谨慎小心、无懈可击的，即使是最出色的戏剧大师都无法描述出他的真实性。可是在我看来这是很荒谬的。比如，他们为了显示自己崇高的美德，先是无耻地把这些美德说成是人类的缺点，他们不会眼看别人受苦不同情、不帮助，也不会在别人遇到困难的时候袖手旁观，他们装出一副无能为力的态势，说自己条件有限无法做到。因为这些缺点，使自己成为不幸的人，他们知道自己不适合在世上生存，更别说成就大事业了，所以每天都是勉强度日。多么荒诞的做法。你今后的路还很长，一定会遇到这样的人，说这样的话，做这样的事，所以不要感到吃惊。

人总是显得过于敏感，尽管外界力量很强大，但是他们的心够仁慈，所以任何的行为都不会受到外界的牵绊，鲁莽到做出轻率的事情也就很自然了。或许他们对于自己的荣誉太在乎了，一旦有人胆敢冒犯，马上就会变得烦躁不安。

人性中的骄傲虚荣都是很强烈的，人们往往不惜自我贬低身份去追逐，成为沽名钓誉的人。我经常看到这样的人，虽然他们的话大部分是真实的，但没有人愿意说出赞扬的话，因为这些人即便在说谎，这又有什么呢？他又不会发毒誓，人们只能说他在某一方面强，但是这个优点不会对听话的人造成任何的不适，也不能构成任何的威胁，我们只是出于善意，来相信他的谎言罢了，不会当真。

以上我跟你说到的，都可以称得上是荒唐之举，无论是骄傲还是虚荣，都是源自内心虚荣的本性。正如沃勒先生所说的：

他越想获得赞赏，你就越要蔑视他。

第41封信 品质说话，切莫虚荣

虚荣是一件无聊的骗人的东西；得到它的人，未必有什么功德，失去它的人，也未必有什么过失。

——莎士比亚

亲爱的孩子：

虚荣心是普遍的心理状态，无论现在、过去还是将来，无论男女老幼，无论贫穷富贵，都多多少少有虚荣心。虚荣心强的人，其实活得很累，因为他生活在极度的自信或是极度的自卑当中，没有中间地带。“死要面子活受罪”，这句话很大程度上概括了这种人的心理和行为。

有些人喜欢在别人面前自我吹嘘。不择手段，努力使自己显得比别人强，在与别人的差距中寻找快乐与满足。有些人在自己的能力不及别人的时候，就陷在与人的差距里，感到折磨和痛苦。我希望你不要有这样的心态，因为无论是自我吹嘘还是自我谴责，都是不真实的，听众不会感到一丝的快感或是厌恶，相反的，这两种现象在明智的人看来都是虚荣心的表现。

与人交往的时候，千万不要自我吹嘘，也不要自我谴责。这都是虚荣心击败理智的失败的范例。你必须坚持做到：不论是赞扬还是反对自己，永远不要谈论与自己有关的任何话题，而是让自己的品质说话，用自己的言谈举止来证明自己。人们相信的往往是一个人的品质，只相信行动的力量，其余的再怎么说，说得再多都是废话，只会让听者感到厌烦或是荒谬。虚荣和自恋是人类固有的本性，对于这两种本性的各种各样的诱惑，你应当持之以恒的大加防备。不过话说回来，从现实出发，它又有存在的合理性，要想消灭它也是不合情理的。因为它存在于每个人的心里，我们力所能及要做得到的就是把它限制在一定的范围之内。虚荣心在有些情况下有掩饰作用，比如，表面上的"英雄"或是"爱国者"，受到大家的欢迎和尊敬，但是只有真正了解他们的人才知道，其实他们并没有外表看起来更值得大家拥护。

对于别人的虚荣心，每个人都会讨厌反感，但是每个人都会有自己的虚荣心。这两种虚荣心是绝对不会喜欢对方的。有句俗话说得好：两个商人绝对不能成为朋友，两个虚荣心极强的人更不可能彼此产生好感。对于虚荣心我们还是应该善加应付，与人交往也千万不要自我吹嘘或是自我谴责，因为他们与人是如此的相近。

第42封信　适度虚荣，人生动力

如果你想在这个世界上获得成功，当你进入某个沙龙时，你必须让你的虚荣心向别人的虚荣心致敬。

——让莉斯夫

亲爱的孩子：

任何事情都是有两面性的，比如，衣着得体体现出一个人的修养和品质，但是过分华丽就和这个人的身份、社交场合不相匹配。虚荣心也是这样，有时候虚荣心是内心自卑的体现，它往往驱使人干坏事，甚至是犯罪；但是，更多的时候虚荣心也是能够指导人们正确行事的。考虑到它会带来某些积极影响，出于对赞美和喜爱的渴望，让人们更加斗志昂扬地、信心百倍地、全力以赴地去完成一项事业，我们有时候是要鼓励人们按照虚荣心去做事的。而且往往虚荣心强的人总是能如愿以偿。

我能有幸成就一番事业，坦白说，也是有虚荣心在发挥它的正面效应。这算不得是我的缺点，我也不以为耻反以为荣。刚刚踏入社会的时候，我很希望得到大家的喜爱和认可，追逐社会地位，追求社交圈里的名望。我怀抱出人头地的愿望，内心蕴藏着强大的欲望，立志干出自己的一番大事业。出于这样的虚荣，我变得急功近利，做了很多当时看起来很傻的事情，但是现在反过来再看，却都是明智之举。比如，当时有些人是我极力厌恶的，我根本没有把这样的人当作是我的朋友。为了得到更多的人的喜爱，我不得不假装去关心他们。男性聚会的场合，我总是暗暗较劲，显示自己的知识才能，让自己显得与众不同，希望成为这里出类拔萃的一个；与女士们聊天时我就极力恭维她们的美貌和聪明，对她们大献殷勤，渴望得到她们的爱意。我参加各种聚会，与男男女女一起享受快乐。不管我得到的各类荣誉是好是坏，总之，我很快结交了很多上流社会的绅士和贵妇，不久就跻身上流社会，成为时尚圈里的一员，并成为焦点人物，受到周围人的欢迎，在社交圈里树立了良好的个人声誉。

在开朗的人群中，我比谁都开朗明智，在威严的人群里，严肃认真，有人对我表示好感，视我为朋友，我自然大方接受；所有事情我都认真去做，所有帮助我的人我都要表示谢意。这样一来，对方满意，我也掌握了与人交往的秘密。

哲学家称虚荣心为“卑劣的心理”，这是贬义的称呼。但是我并不能苟同，缺乏虚荣心做动力，干什么事情都会显得无精打采，没有动力，没有努力的方向。像你现在这样的年轻人，不应该如此懒散懈怠，而是对待任何事情都是全力以赴，充满活力、充满上进心的。不管你身在何方，不管你遇到什么人、要面临什么样的事情，都要尽可能地取悦对方，极力展现自己的才华。巴黎是个时尚之都，你的社交圈里尽是巴黎时尚界的名流，你真得应该好好向他们学习，学习他们的言谈举止，为人处世，赢得大家的认可。所以我希望你有虚荣心，并以它为推动力，任何事情都要争取成功。我向你保证，当你老了回首现在的时候，你一定会为今天取得的成功感到自豪。我真心希望你也有着像我年轻时一样旺盛的虚荣心。我可以毫不夸张地说，在所有人看来，没有什么办法比虚荣心的推动作用更能助你取得人生的成功。

第43封信 适度自信，众人喜爱

青蛙也会比牛叫得更响，但是它们不能在田里拉犁，也不会在酒坊里拉磨，它们的皮肤做不出鞋来。

——纪伯伦

亲爱的孩子：

据我观察，最喜欢夸夸其谈的人也是最有幽默感的人。不过，他的幽默中时时散发出傲慢自大之气。在众人面前，他喜欢嘲讽、排挤通情达理的人，成为名副其实的嘲讽对象。有人说，若嘲讽也有合法的对象，非夸夸其谈之人莫属。与这类人打交道，必须要注意嘲讽的技巧，否则就会反遭他们的嘲讽。按我的经验来说，最好不搭理他们。

现实生活中，还有一种人，也许比夸夸其谈之人更多，因为羞怯而自贬身份，不善于和上流社会交往，往往不懂礼节，甚或粗鲁地表现出虚假的通情达理，让人禁不住地发笑，而常常受到人们的嘲讽和捉弄。曾经，我遇到过这样的两个人，他们都知书达理，交谈的时候，其中一个眼光从来没有高过对方膝盖，另一个对话的时候总是转过半个身子，用他的肩膀或是后背对着别人，借以把那他那朴素而又诚实的脸遮掩起来。纵使偶尔看到对方一下，顿时脸红起来，心里惴惴不安。正如曾经有人说过，“脸易红的人并不一定都是粗鲁的人，但不要排除他同时也可能是一个厚颜无耻的人。”

一个真正懂得涉世交往之道的人，自重而不自傲，自谦而不自疑，欢乐而不轻浮，沉稳而不古板。这也是我曾经多次告诉你的。我坦诚，一个刚踏入社会年轻人，也许并不理解和适应这种处世交往规则，少不了内心羞怯、紧张，做事些许表现出不知所措，尤其第一次接触上流社交圈的时候，所表现出的不自信、笨拙的言谈举止……其实，这一切是不应该受到嘲讽和责备的。慢慢地，你会发现社交圈中有学识、有修养的人，不仅不会嘲讽你，而且会乐意帮助你如何融入交往中去。

不管身处什么场合，我希望你一定要冷静、沉稳、自信，多与比你优秀的人士交往；而不要抛却良好的教养，去接触那些素质低俗的人。

第44封信　诚信立世，道德根本

诚实是力量的一种象征，它显示着一个人的高度自重和内心的安全感与尊严感。

——艾琳·卡瑟

亲爱的孩子：

对你的教育我持有两个目标：其一，让你拥有足够的知识，以使你在议会里因为博学而出类拔萃；其二，使你拥有上流社会引人瞩目、令人羡慕尊敬的优雅举止。凭我自己多年的人生经验，我一定会助你达成这样的目标。

做什么事情都应该以理性为指导，我希望你也能像我一样理智行事。不经过大脑思考鲁莽冲动地去迫害或是嘲笑别人，就是荒谬的行为。说谎或是欺诈的人是真正有罪的人，而天真地相信谎言的人是多么无辜啊。没有什么比说谎更可耻、更卑劣的了。说谎的人往往是为了满足自己的虚荣心，或是出于憎恨而报复他人，或是由于胆小怯懦而为自己壮大实力。实际生活中经过时间的推移，谎言总会被戳穿，说谎者的目的终究无法达成。因为谎言一旦被揭穿，说谎的人就会受到众人的谴责，无论再怎样解释都是无济于事。于是他就成了最差劲，最卑劣，最让人看不起的家伙。假如说了谎话，最好的办法就是马上承认错误，弥补自己的过错，求得别人的原谅。

对一个人最大的侮辱莫过于说“他在说谎”，因为谎言造成的道德上的阴影，会使得任何辩解都无法洗脱。从来没有人会主动承认自己是个骗子。在承认自己曾经散布过谣言和承认自己犯过严重的罪恶之间，很多人宁愿选择后者。谎言导致的误解、欺骗带来的伤害都是罪恶的导火索。

还有一种谎言，虽然异常荒谬滑稽，但本身却不会对人造成任何伤害。在这种谎言中，因为没有人真正看到，所以他出于满足自己的虚荣心，通过夸张的语言和动作，可以随便吹嘘，他成了冒险的英雄，险境中的幸运儿。这种空虚的谎言都是凭空幻想出来的，不会涉及个人的隐私，不会揭露别人的弱点，所以也就不会产生任何效力，即使最后被人揭穿，也就是被别人轻视罢了。

你是个优秀的青年，你有现在的年轻人应该涵盖的所有优点。比如说，彬彬有礼、学识渊博、风度翩翩、言谈举止优雅迷人。但其中最重要的，我希望你能具备，那就是诚实，诚实的美德一旦缺失，这个人身上所有的魅力价值都会大打折扣。

怀着一颗诚实的心来看待一切人和事，不管他们的观点有什么错误，他们都是值得同情的，而不是受到惩罚和取笑。孩子，单纯相信谎言的人没有罪，真正可恶的是那些善于说谎、散布谣言的人，世界上卑劣的、荒谬的事情都是这些耍手段、玩把戏的人干出来的。那些为了诋毁他人，污蔑其他人的人格而编造谎言的人，一段时间真的会让受害者遭受打击，成为弱者，但最大的受害者一定是说谎的人。流言蜚语在事实面前是站不住脚的，被陷害者终会拨开云雾见天日，而说谎者也会声名狼藉颜面扫地。

记住孩子，在这个世界上，为了不让你的良心和名誉受损，必须实事求是，坚信事实。做一个诚实的人，这是做人的根本原则，将来你终会发现，诚信也是你利益的源泉。作为一种美德和可贵的品质，每个人都必须拥有。拥有诚信是待人处事的基础，是成就大事业的保证。仅仅从利益这一角度出发，诚信应该是你打出的获得可靠声誉的最好的一张牌。

或许这个问题我说的太多了，如果我不能早早地给你忠告，你一定会犯下很多错误，我也会为你担忧的。

第45封信 头衔财富，以德为荣

不是称号给人带来荣耀，而是人给自己的称号赢得了荣耀。

——马基雅弗利

亲爱的孩子：

你以后要继承我的爵位，这一点你比谁都明白。而且，还将得到一大笔财产。不过，我想你也明白，以你现在所具备的美德是不可能完全拥有这一切的。

将来，等你封爵升官的时候，你还会发现，有各种各样的人为了一己之利，无时无刻不想方设法地在你跟前拍马屁。到那时，你必须对这类人保持警惕之心。否则，你就会被他们捉弄。其实，世上那些所谓出身高贵的人，往往是被人嘲笑和调侃最多的，也是最可笑的人。为什么这么说呢？因为其中，有些人总是不舍得脱下“高贵的血统”的外衣，而内心却没有值得称赞的品德。正所谓布尔·沃利顿所说：“头衔是美化大师。”当然，也有一些高贵的人并不会因自己的出身而处处表现得傲慢无礼。事实上，想要赢得人们的尊敬和取悦，就不要拿头衔说事。简言之，重要的是人，而不是他的头衔。

孩子，你拥有贵族的头衔和大笔财富。不过，你一定要记住：不要炫耀，不要奢侈浪费。否则，你的头衔和财富绝不会为你带来半点高贵的气质。因为一个品德高尚的人以品性为荣，而一个戴着高贵头衔的人却以运气为荣。前者时刻散发出高贵之气，后者却流露出令人厌恶的傲慢。在这个世界上，没有什么比缺乏内在品质的傲慢更庸俗了！傲慢永远与高贵不在一条平行线上……

在与人相处的时候，你要想赢得他人的尊重和喜爱，就必须言谈举止优雅，态度温和，多关心对方。

关于这些优点，你要把它们作为一种好的素养，并认真地去学习，到社会中去亲身体验，仔细观察。这样一来，我想，当你继承我爵位的时候，它们也会给你增添光彩。否则，你是无法体会这种好处给你带来的快乐的，甚至还会误入歧途。就像封闭在一个房间，拿着地球仪，然后目不转睛地盯着它，结果却一无所知。

第46封信　出身血统，品质称颂

血统是从上代传袭的，美德是自己培养的；美德有本身的价值，血统只是借光。

——塞万提斯

亲爱的孩子：

如果我没看错的话，你身上还有一些不太令人满意的地方。虽然前几天你信誓旦旦地告诉我，自己从未犯过错误。我也相信你说的每一句话。但是，我发现了，就有责任地告诉你。

我猜想，在曼斯菲尔德的时候，你完全没有意识到拒绝交往那些平时高呼你“公子”的人，而是心安理得地接受别人的恭维等等。其实，这些并不是得益于你身上的品质，而是因为你的运气！坦诚地说，你的家族比其他家族更幸运，但是这并不代表你出身高贵就比其他人优越。如果，你以此出身血统为资本炫耀的话，那你可愚蠢了。在这儿，我建议你应该多读一些名人的传记，看看那些出生并不高贵的人是如何走向成功的巅峰。举个例子来说，举世闻名的美国总统林肯，出生在一个贫寒的家庭，受教育程度不高。为了维持家计，林肯做过俄亥俄河上的摆渡工、种植园的工人等等。虽然生活艰苦，但是林肯始终热爱读书，阅读莎士比亚的著作、《美国历史》，还有许多历史和文学书籍。最后，他通过自学使自己成为一个博学而充满智慧的人，战胜出身尊贵、教养良好的道格拉斯，成功登顶美国最高权力的宝座。

在你这个年龄阶段，你想得到别人的尊重和取悦，我理解。但是，如果你的心灵深处藏着骄傲的种子，那么就难以实现了。正如但丁曾经说过："骄傲、嫉妒、贪婪是三个火星，它们使人心爆炸。"骄傲令人不思进取，一个骄傲的人是不会受到人们喜爱的。反之，谦虚的人会使人们称颂。因为谦虚是一种良好的品质，能使人正确地认识自己的优缺点，又能善于发现别人身上的优点，并博采众长，使自己完善。加尔多斯曾经说过："一种品质的幼芽、蓓蕾，这是最宝贵的品质，是一切道德之母，这就是谦虚；有了这种品质我们会其乐无穷。"

孩子，我希望你做一个谦虚之人，因为出身血统只是你的外在条件，而你内在的品质才是你值得"骄傲"的资本。

第47封信　聪明才智，理智相伴

理智是经验阅历的成果，它潜在人身内部，如同火藏在石块内部，两块石头相撞，就迸出火花，人的经验越多，理智就越多。

——伊本穆加发

亲爱的孩子：

智慧是如此耀眼的才能，每个人都想得到它。然而，只有少数真正有智慧的人才可以拥有它。我希望你是一个真正有智慧的人。其实，每一个都有自己的聪明之处。不过，如果一个人只顾自以为是，不懂得判断在什么时候去表现他的聪明才智，必适得其反。比如，生活中有些人爱耍小聪明去诋毁他人，哪怕不是针对自己所处的社交圈里的成员，也许，在这个过程中，可以表现出一定的智慧。但是，这种行为俨然已经变成了一种恶意的中伤，让人们不得不对他们产生厌恶的情绪。因为人们会担忧，下一个被诋毁的对象会是自己！

也许，你会问我如何判断自己是不是一个真正有智慧的人？为此，我的答案非常明了：不要轻信你的耳朵，也不要轻信你的判断力。因为耳朵喜欢听信好听的话，判断力有时候会欺骗你。换而言之，你要小心翼翼地凭借自己的理智和优秀的品质，去赢得人们对你聪明的宽恕，而且越是聪慧，就越应该表现得温雅和谦虚。只有这样，才会真正赢得人们的欢迎。

第48封信　把握分寸，善意嘲讽

智慧表现在下一次该怎么做，美德则表现在行为本身。

——约尔旦

亲爱的孩子：

上帝赐给每个人智慧，但不是每个人都有判断力，使人懂得在适当的时候表现智慧。所以我需要告诉你另一种聪明才智的形式，那就是善意的嘲讽。在愚笨的缺乏社会经验的人手里，如果没有掌握好分寸，就会引起纷争，造成别人精神上的痛苦。这样的事情随时随地都在上演，而且很多人仍旧乐此不疲。

每一个人都有权按照自己的思考去行动，每个人都应该怀着自己的追求，这是无可指责的，这也是一个正常社会的标准。每一个人都会认为自己是最正确的，但是，到底谁才是最正确的，这个问题不能单由一己之观点来评判。所以，如果因为和自己想法不同，就认为对方是傻瓜；因为和自己的追求不同，就认为对方是一个不可救药之人，甚至加以迫害，这样的做法实在叫人难以苟同。人都是按照各自的想法去行动的，而且每个人也希望每一件事都能按照自己的意愿去实施。但是，如果认为每一件事都非得照着自己的想法去进行不可的话，这样的人就不仅是一个性情固执的人，而且也可以称之为傲慢的人了。对于世上一些不明事理、甚至是非不辨的人，我们只能替他们感到惋惜，不应该去取笑他们，或者责备他们。如果你真的有心想去帮助他们的话，你应该多去关怀他们，当然，如果可能的话，你可以通过与他们面对面地交谈，为他们引出一个正确的思考方法来。这样才是正确的做法，绝对不可以故意去取笑或责备对方。

没有人喜欢被人嘲讽，因为这总让被嘲讽者感到处于劣势，面对嘲讽感到无力保护自己，慢慢地变得极为失望，处境难堪。虽然这一开始没有恶意，但是多多少少暴露了自己的缺点，虽然你的自由和财产没有受到威胁，受伤的却是被嘲讽者的自尊，这是不能被原谅和宽恕的，所以最后难免伤人伤己。

为了取悦别人又不让它适得其反，怎样掌握嘲讽的分寸呢？让我来告诉你一些技巧，这也是我多年总结出的经验。在跟朋友谈话时，你可以嘲讽他本来就不存在的缺点，顺便来赞扬他身上大家都能公认的优点。比如，你可以把亚里斯泰迪说成流氓，把美女说成丑女，可是千万注意，这么说的前提是他们是大家公认的品质优秀的人或是她的美貌毋庸置疑，而你说的这些根本不是他们的缺点。稍微粗鲁一些就被认为是冒犯他人，稍微圆滑一点就被认为是令人厌恶。

千万不要模仿或奚落别人的缺点，更不能将这些夸大到无法收场的地步，这些都是下等人的伎俩，而不是你这种人应该采取的嘲讽方法。

举止文雅而又有敏锐的观察力和判断力的人，应该在各种社交场合适当发挥自己的聪明才智。这会让你赢得他人的尊重，容易获得别人的喜爱。切勿滥用善意的嘲讽，一旦没有掌握好，就会得罪人，这也不能称得上是智慧。

第49封信　福祸相依，坦然面对

> 祸兮福之所依，福兮祸之所伏。
>
> ——《老子·五十八章》

亲爱的孩子：

这几天你变得有些消沉，把自己当作傻瓜、笨蛋、失败者，一直叹息人生就像容易破碎的陶器，这些都让我感到很焦虑。陶器容易碎成粉末，一旦破裂就无法使用，碎片就不能复原，但是你的人生才刚刚开始。没能考上你理想的大学，这对你来说的确是个不小的打击，这也是你经历的第一次重大失望。但是此时此刻，你应该坚强起来冷静面对。你得明白，失望与希望都是人生的一部分。你如果不能将这次失败作为一时的考验，短暂的退却，不能甘心承受，失去再尝试的意愿，那么就真的失败了。

莎士比亚曾在一部戏剧中写道："希望往往会落空，并且是在最有希望之时。"由于你长久以来，学业都十分顺利，所以自然会觉得梦想中的学校一定可以进得去，并且不知道在什么时候，已经视为理所当然。这里我想告诉你，在人生中遇到的任何事情都不能用理所当然来解释，都应该有"万一"的心理准备。

想想你现在的情形，你以优异的成绩从高中毕业，身体健康、长相出众、家庭和睦、没有经济上的压力，这些都是很多人不具备的，遇到这样闷闷不乐的事，该怎么处理呢？首先，从失败中走出来，保持乐观的态度，立刻向其他大学查询。因为你的高中成绩相当优异，如果你下决心向其他大学寄申请书的话，这些努力一定会有回报。虽然教授不一样，但是你想学的科目，其他大学也有开设，对你的未来最有影响的不是哪一位教授，而是你自己，所以不要失去对自己人生的主导权。人生中会遇到各种事情，但是我们不会在每一件事情上都获得成功，正因为这样，我们的人生才会有新的希望，才会向新的、正确的方向前进。实际上有许多年轻人，受阻于和你现在完全相同的障碍，便对所追求的职业心灰意冷。他们退缩下来，说命运是冷酷的，逐渐变成胆小的人，这实在是很遗憾的事。真正重要的，并不是我们人生中的偶发事件，而是我们如何面对这些偶发事件，并创造各种不同的人生，绝不能因为命运而阻碍了自己的前途。面临困境时，就是你向命运挑战的时候，要有拒绝失败的勇气。当然，打消念头，退缩放弃是很容易的，多数人在日常生活中也证实了这一点，但是这些人恐怕不是你所希望成为的。拒绝失败的人，在一个地方吃了闭门羹，会敲另外一扇门，一次又一次不断继续敲门，一直到被接受为止，在年轻时能学习这样处世的人，应该没有不获得成功的。去向成功人士请教吧，你一定可以听到：忍耐、挑战，以及为了达到成功而经历的迂回曲折的道路。你现在没能考上好的大学，说不定在这里绕了弯路，将来会得到意想不到的好结果。在你跌倒的石块或残枝旁站起来吧，必定会找到通往成功的路。

聪明人都知道祸福相依的道理，他们不会因为降临到自己身上的不幸而悲观，也不会因为遇到幸运的事情表现得很兴奋。确实，任何事情都有好的一面也有坏的一面。这也是我多年生活总结出来的经验。我可以从我个人的生活经历中发现些聊以自慰的东西，告诉你供你学习。我总是力争做到完美，绝不会因为急躁而放弃，或是把事情搞砸。正是抱着这种态度，我在人生的舞台上才上映一出出的精彩剧目。而相对于大多数人来说，我经历了极少的痛苦，而收到了更多的快乐和成功。天性悲观的人总是朝着最坏的方面看问题，而这种倾向很难改变。但是换个角度，本性很难改变，我们却可以通过经常性的反思和有益的生活哲理来纠正我们的缺陷。

最后请记住，对生活中的意外事件，既不能欢呼雀跃，也不要悲观消沉。

第50封信 多方思考，综合考虑

塞翁失马，焉知非福。

——古语

亲爱的孩子：

关于女性的认识上，我敢保证，你很快就会转变对她们的认识，甚至会想方设法哄其欢心。当前，你也许觉得女性的诞生给人类社会带来了许多灾难，在这一点上，我个人保留意见。不过，历史会告诉你，男性的诞生给人类社会带来更多的灾难。事实上，从整体上去评论女性或男性，这是有失偏颇的，而且还会招惹很多人的反感。因此，我劝你不必轻信这些观点。

众所周知，任何一个地方的女性或男性，都有好有坏，而且好人居多。同样的道理，在贵族、士兵、农民等不同的男性群体中，因各自的经济地位、掌握的知识结构等差异，所表现出的行为必然不一样，而轻率地去评论或否定其中任何一类人都有失公正。

生活中，有不少年轻人觉得嘲讽和评论他人，是一件非常开心的事情，事实上，他们大错特错！只凭着自己的感情或认识，做一个片面的论断，这是极其不负责任的行为。也许，有时候人们会宽恕那些对自己不公正的行为，但是群体或社会绝不会轻易地这么做！

第51封信　心不在焉，一事无成

> 我知道必须让孩子们有所专心，怠慢乃是孩子们最可怕的危险。
>
> ——卢梭

亲爱的孩子：

我对你的关爱同那些溺爱孩子的父母亲不同，这一点想必你已经深深体会到了。对于孩子的缺点，我绝对不会视而不见，不仅如此，如果你有缺点，我对你的要求反倒会更加严格，因为我认为这样做是身为父母应尽的义务，也是他们的一种特权。与之相应地，身为子女，努力将自己身上被父母点拨过的过失之处改正过来，这也是你们应尽的义务和应享有的权利，你认为呢？

值得庆幸的是，到目前为止，在我的视界范围内，还没有从你身上发现非常严重的问题，但有一点必须要引起你的注意，那就是，你在生活态度上有些怠慢，这是我紧接着要和你谈的事情。我发现你近来显得稍微懒惰了一点，注意力有时显得不够集中，对事情漠不关心，在生活小节上也表现得有点散漫。凡事都显得漠不关心，这种情形如果出现在老年人身上还情有可原，因为他们的肉体与精神都已衰老，对于一个已经步入人生黄昏阶段的老年人来说，他们只希望能平平安安、怡然自得地度过余生，这是理所当然的。但是，对于你，这样一个处于朝阳阶段的年轻人来说，如果以如此消极的态度来对待人生，这是绝对不能宽恕的。

心不在焉或是意志不坚定或是装腔作势的人，他们常常被排斥在群体之外而不受欢迎。比如，有些人从不参与大家的聊天，只是依照个人的意愿或是喜好时不时插上几句话，就像刚从梦里醒来一样。牛顿、洛克先生这样对社会作出巨大贡献的人，常常将注意力百分之百地投入研究当中，因此忽略一些生活上的琐事，这些是可以原谅的。对于年轻人或是普通人来说，心不在焉就会让人感到厌恶，被人渐渐疏远。

一个智力平平的人，如果储备足够多的知识，并将之转化为行动的力量，也同样可以做出出类拔萃的事情来。在我看来，当你非常明白自己该做什么，却又不去做时，这除了因为你保持一种怠慢的态度之外，恐怕没有更合适的词来加以解释了。

当你参加一个社交群体时，要与其他人的声调保持一致，虽然你觉得他们很卑微，但是要在某种程度上忍受他们的这些缺点，不要流露出自己的想法。对他们的话题表示关心，满足他们小小的虚荣心。比如，假如你很清楚一个人讨厌猫，当猫跑到他的跟前，你却心不在焉的假装没看到，他便会觉得你轻视了他，继而铭记你一辈子。关心别人、满足别人的虚荣心，比费尽心机的招待更管用。

我并不认为你是一个生性缺乏活泼气质的人，只要你生活态度再积极一些，你还能为周围的人们制造欢乐的气氛呢！只要你再努力一点，一定可以出人头地的。如果你想要成为一个受人尊敬的人，就应该有为实现这一愿望而努力的行动。如果做不到这一点，你休想得到别人发自内心的尊敬，这是真的。不想为别人制造欢乐，和不能为别人带来欢乐，尽管客观原因不同，但其结果是相同的，它们都会使你受人欢迎和尊敬的程度减低。

心不在焉的人往往采取怠慢的方式，只能通过积极努力来改变。在你办任何事情时，一旦一开始就觉得困难和麻烦，切不可立即就产生沮丧情绪，相反应激发你更加奋发向上的劲头。你一定要在此时咬紧牙关，抱定一定要在某一天出人头地的决心，努力到底。心不在焉的人有一个通病，那就是他们不容易集中注意力。要他们在同一件事情上集中精神哪怕只有一个小时，对他们而言都是非常痛苦的。所以无论碰到任何一件事情，他们都只是一成不变地依照最初所接收到的讯息来解释，不愿意尝试往其他的方向思考。其结果，他们对事情的思考就永远无法深入。这样的人一旦同兼具洞察力和集中力的人交谈，就立刻会暴露出他的无知。

我不希望你再说：“这样的事情我做不到”！我也相信你不会再说这句话了。在我的经验中，不论在精神上还是在肉体上，都不会有“做不到”的事情。不管怎么说，别人认为很容易的事情你却说：“做不到！”你难道不认为这实在是一件非常可耻的事，也是一件非常愚昧的事情吗？我还要重申的一个观点是：认为自己无法长时间在一件事情上集中精神，同把自己说成是一个一无是处的傻瓜，是完全相同的。

第52封信　为人处世，专心致志

一个人不能骑两匹马，骑上这匹，就要丢掉那匹。聪明人会把凡是分散精力的要求置之度外，只专心致志地去学一门。

——歌德

亲爱的孩子：

我很高兴你去听了班彻国王的庭审，尤其你能很认真地评判法庭上哪些人心不在焉。那些心不在焉漫不经心的人有失得体，让你有深深地感触，并希望以后不会发生在自己身上。这让我看到了你的进步。的确如你所说，这是意志薄弱的人要命的标志。

通常我们说某某是一个注意力散漫的人，一般说来就是指他没有将心思放在这件事情上。染上这种毛病的人，一定无法与人很愉快地相处。因为这种人很可能昨天还对你表现得很亲切，今天见到你却已形同陌生人。或者是大家都在聊天的时候，他一句话也插不进来，但有时候却会突然想到另一件事情，硬要将它插入大家的话题之中，这些都是精神不集中的表现。除此之外，还有一种可能就是，某件更重要的事情占据了他的心思，使他处于着魔状态。世界上确实有这样的人，例如牛顿就是一个明显的例子。有一次他请朋友到家里吃饭，但是他又舍不得浪费一分钟的时间，于是回到实验室继续他的实验，两个多小时了，他才从实验室里走出来，看到桌子上吃剩下的饭菜，空空的酒瓶，啃剩下的骨头，他还以为忘了已经陪朋友吃完了，然后又回到实验室继续工作。像牛顿这样的天才毕竟只是极少数中的少数，因为大家都承认他是天才，所以他这么做大家还情有可原，但是，对我们常人来说，如果你不管四周有多少人，依旧沉溺在自己的思绪当中，不顾周围的人的情绪和需要，那么很快地，你就会被视为是一个动作迟缓的大笨蛋，到最后将因为你的不合群而被团体抛在外面了。

我认为和凡事不留心、注意力散漫的人相处，是一件令人非常不愉快的事情。如果你处在这样的境地，就等于是对方在侮辱自己。很显然，对任何人而言，被侮辱都是很难忍受的！我希望你能仔细想一想，当你站在一个让你很敬畏而且深爱的人面前时，你会显出一副漫不经心的模样吗？我想应该不会吧！换句话说，无论你是谁，当你在面对你认为值得注意的人时，都应该精神集中，全神贯注地去应对。同样，当别人以一种高度的热情和专注与你谈话时，你也一定要以同样的专注去面对他。请留心倾听别人的谈话，注意他们的说话方式，用你的眼睛而不是耳朵去发现更多的真相。比如，有时候人们会说一些违背良心的话，脸上就会表现得很不自然，通过观察对方的表情，仔细辨别，哪些话是他们内心的真实想法，哪些话是他们不想直接说出来的，但是你能够猜测出来的隐含的意思。

就我自己本身的经验来说吧！我认识很多老人，他们做事轻浮漫不经心，尽管活了一大把年纪，可还是像个孩子似的不谙世事。如果我和一个没有把心思放在我们所聊的话题上的人在一起，我会觉得他比死人还不如，因为至少死人不会把你当成傻瓜。但是，当我和一个心不在焉的人在一起时，就好像他在暗示我，我是一个不值得他注意的人。你是一个注意力集中的人，可以仔细地观察和你在一起的人的人格、态度，甚至是当地的习俗，但由于你的散漫，却可能一无所获。也就是说，这样的人即使能够一辈子和许多伟人相处，无法从他们身上获得丝毫的教诲。一个无法集中精神、投入全部精力去做该做的事情的人，是无法完满地去完成一项工作的，这样的人也无法成为你永久的知心朋友。

你如果问傻瓜他某个时间做过什么或是说过什么，他肯定会说“我忘了，没有注意”。除了现在做的事情，他的心思还放在什么地方了呢？而头脑清醒的人对于身边的事情总是密切关注，仔细聆听。生活中，我们需要遵守的规则和需要掌握的学问背后，都隐藏着伟大的真理，表面上看似简单又非常相似，只有专心致志和真正聪明的人才能看透这些。任何值得做的事情都值得好好去做，而做事的时候心不在焉终将一事无成。

第53封信　细节琐碎，决定成败

> 不积跬步，无以至千里；不积小流，无以成江海。
>
> ——《荀子·劝学篇》

亲爱的孩子：

圣诞节快要到了，我已经吩咐丹斯诺耶先生去你那里了，让他来教你跳舞。虽然跳舞在有些人看来是琐碎且无聊的事情，但是，对上流社会的贵族们来说，这是必须遵从并要努力做好的事。虽然我并不希望你成为优秀的舞蹈家，但是既然你决定开始学习，就要力争做好，就像我希望你把每件事都做到完美一样。所以你要特别留意手臂的姿势是否优雅，帽子戴得是否合适，与女士握手的时候是不是像个绅士……

在这个世界上，很多人一年到头都在为无聊的事情而忙碌，因为他们不明白什么事情重要，什么事情不重要。所以应该把时间和精力花在重要的细节上，不要浪费在无聊没有用的其他地方。这样的人无论遇到谁，无论谈论什么事情，绝不会只注重这个人的穿着，而无法洞察对方的人格，观看戏剧时，对演出道具的兴趣绝对不会高于剧情本身，与人进行生意谈判时，不会拘泥于形式，而是对条款本身更加认真琢磨，这样的人最后才会取得成功。

就拿穿着来说吧，这也是件琐碎的小事。一个人穿着不得体，与他的身份和生活方式不相称，就显得这个人愚蠢至极。一个人穿着得体，就不会受人轻视。有些人过分讲究穿着，以此来抬高自己的社会地位；有些人鄙视过分讲究打扮的行为，但又意识到不能忽视穿着打扮，后一种人就被认为是聪明的人。琐碎的事情还有很多，聪明的人都乐于遵从，但又不把这种聪明轻易显露出来。

在你平时的处事中，即使是再细小的事情，只要这件事有一点点值得去做的价值，也要努力去把它办好。连小事都不疏忽的人必定会有大的发展，而且你为此努力了，就可以取得了不起的成就。

第54封信　合理安排，日常开销

金钱能做很多事，但它不能做一切事。我们应该知道它的领域，并把它限制在那里，当它想进一步发展时，甚至要把它们踢回去。

——卡莱尔

亲爱的孩子：

你马上要开始独立生活了，到了这一阶段，你花钱的方式和途径也会有所变化。在此之前，我们有必要好好沟通一番，加深你对金钱的认识，以防日后发生不必要的争端。在金钱上斤斤计较，为了一点钱就大动干戈，这种人最无知，他们就是我们平时所说的守财奴；而对金钱一点概念都没有也不是一件好事，手里一无所有，最后也会悲惨地死去。对于金钱与时间，聪明的人会把他们当作是一个事物的两个方面，既不浪费一分钱，也不会浪费一分钟。他们投入金钱与时间的时候，往往觉得这些对于自身或他人有益，能够给自己或他人带来快乐或满足。愚蠢的人恰恰相反，他们往往不能判断出什么时间花钱、应该花多少，要么挥霍，要么应该拿出钱的时候一分钱也没有。现在我来谈谈对你支付的费用。我向你保证，我心甘情愿为你提供所需的生活费用，迄今为止，我从来不会克扣你的零花钱，总是尽力满足你任何必要的开销和娱乐花费。我很清楚应该给你多少钱。如果你把钱花在应该花的地方，我会源源不断地提供你生活费；如果你把钱花在不明不白的地方，那我趁早告诉你，我会暂停你的任何费用。

现在我来指明你的花钱渠道：

首先，对于你学习所必需的花费、与人交际所必需的花费，我一分钱都不打算省。学习的费用包括买书、聘请好的教师、其中还包括为了向知识丰富的人求教而到各地旅行的费用，参观一些活动的费用。我认为交际费也是必需的，为了使你成为巴黎时尚界的人士，你将拥有自己的四轮马车，贴身仆人和体面的住所。我会按照现在流行的风尚，为你准备合适的服饰，不会让你因为太朴素或是太花哨而有失体面，我很乐意支付这部分开销，让你成为衣着得体的上流人士。除此之外，给慈善机构的募捐费用也包括在内，但是要留心不要被巧立名目的某些活动给蒙骗了。当然，有些突发事件的费用我也会给你计算在内。

其次，有些费用我是绝对不会支付的。举些例子说吧，赌博。尽管我没有理由怀疑你沾染上了这种坏毛病，可是你要知道，我不会替你偿还赌债，这种破坏名誉的活动，对自己一点益处没有，聪明人是绝对不会参与的。再比如说，打架。庸俗的人的娱乐活动远比时尚人士的高尚娱乐花费得多，跟这些人在一起太过放纵，酒后闹事是常有的事，为此而向酒馆老板支付的赔偿金，远远超过与风雅人士娱乐的花销，你也别指望我会给你一毛钱。比如，有一种开销我也无法忍受，那就是把钱花在购买小礼品、小玩意上面。鼻烟壶、手表、手杖这些东西明明用不上，只是在店员或是老板的推销中，禁不住诱惑买下来的，虽然外表好看，实际上一点儿用不上，你说这不是浪费吗？

有一个问题我得单独拿出来说一说。就是你在巴黎与女性交往的问题。我绝对不会支付你嫖妓的费用。在巴黎，年轻时尚的女子普遍把自己的风流韵事视为自己的职业。我认为，你如果把钱花在歌女、妓女或是女演员的身上，任何头脑清醒，有理智的人都会蔑视你。年轻人要尽量避免拿自己的健康和财产冒险，你的体质绝不允许你这样放纵自己，如果真的发生了这样的事情，我也是绝对不会原谅你的。

关于这个钱的问题，我给你一些提议：

一、“金钱哲学”。一个懂得“金钱哲学”的人，即使手里只有一点钱，也能合理利用，做出许多事情。一个不懂得“金钱哲学”的人，手里有再多的钱，不懂得有效利用，也是废纸一堆。最好能够现金支付，而且最好是自己亲自去付。购物的时候，不是自己真心喜欢的东西，只图一时的便宜买下来，结果却没有用，这不是节省，是浪费；对于满足虚荣心的东西也不要买。对于平时的开销你可以记录下来，我不是让你变成斤斤计较的守财奴，而是要你精打细算地过日子。对日常花销是这样，对其他事情也应该这样有重点，关心值得关心的事情，不去计较杂七杂八的琐事。

二、尽早得到对你而言很重要的东西。比如进入上流社会需要的服饰，娱乐开销。我不希望你把钱花在花天酒地，这不是真正的享受生活。真正懂得享受的人不会沉溺于玩乐无法自拔，至少应该有点品位，显得庄重高雅一些。

除了你自己不断努力之外，我希望能够帮你把正轨道。请你务必遵照我的话去做。

第55封信 生活工作，有条不紊

敏捷而有效率地工作，就要善于安排工作的次序，分配时间和选择要点。只是要注意这种分配不可过于细密琐碎，善于选择要点就意味着节约时间，而不得要领地瞎忙等于乱放空炮。

——培根

亲爱的孩子：

古人语：凡事预则立，不预则废。无论做什么事情，如果一个人没有明确的规划和清晰的条理，都不可能获得成功的。

生活中，许多能力一般的人却比那些才能出众的人获得的成功更大。为此，人们常常感到不可思议。究其原因？能力一般的人因做事有清晰的思路，明确的规划，讲究方法，有条不紊，结果自然事半功倍。而那些才能出众的人往往不懂得规划，眉毛胡子一把抓，因此事倍功半，收效甚微。事实上，做事有清晰的规划，不仅是一种良好的做事习惯，而且是获得成功的第一步。这也是评价一个人做事能力大小的标尺。如果他做事有目标，有方法，懂轻重缓急，在同样的环境、条件下，一定比做事没有条理的人效率更高。此外，可以节约出休息的时间，感受更多的快乐。

不知道你是否经历过这样的事情，因为不开心或没有抵得住玩的诱惑，把当天的学习拖到第二天，然后一股脑地去突击学习、弥补……曾经，有专家做过研究实验，在同一学科上，让一个学生每天坚持学习2个小时；另一个学生完全由他自由决定学与不学，以及学习的时间长短。如果第一天他因为兴趣或其他原因，一下子学习8个小时，而之后几天不再学习。结果呢？后者的学习效率明显落后于前者。正如苏霍姆林斯基曾说："要学会强迫自己天天读书，不要把今天的工作搁到明天。今天丢弃的东西，明天怎么也补不上了。"的确，做事不讲究条理，没有规划，哪怕是天才，他也只是在无情地浪费时间和精力罢了！

孩子，如果你想有所作为，就要养成有条理的做事习惯。克雷洛夫曾说："如果你盼望有所成就，就得根据自己的才能，可不要好高骛远。"那样，你就会做事更加容易，更加有效率，也更加快乐。

第56封信　审慎从事，内在品质

一事不谨，即贻四海之忧；一念不慎，即贻百年之患。

——爱新觉罗·玄烨

亲爱的孩子：

很高兴收到你的法文信。实话说，写得蛮好，但还有一些不足的地方。为此，我会随身携带着这封信，等下次见面的时候，我一一告诉你。这样，你就会知道自己哪里出错了，然后"对症下药"，更正错误，有所进步。正如列宁曾说："不怕承认自己的错误，不怕一次又一次地改正这些错误，这样，我们就会登上山顶。"德国伟大的诗人歌德也说过："最大的幸福在于我们的缺点得到纠正，我们的错误得到补救。"就拿我来说吧，平时我总是把那些指出我错误的人当诤友，而从不责备和记恨他们。

信中说，当我告诉你未来很可能会进入政府任职时，你觉得这是一件不可思议的事情，还想我在嘲讽你……不！你大错特错了，这是一个很严肃的话题。我想告诉你，如果你把它当成目标对待，讲究方法，迎难而上，并且有条理地去提升自己的能力，你定会一步步地向目标靠近。每一个有高尚情操的人都渴望赢得他人的尊重和仰慕，唯有懒汉和傻瓜觉得自己的未来无望而终日意志消沉，郁郁寡欢。其实，每个人都是自己未来的设计师。美好的未来压根与未来有没有前途没有半点关系，而与其内在的品质成正比。正如武者小路实笃曾说：“人，最理想的是从事永久不灭的事业，这也是生命对人类的要求。”

说到品质，你知道吗？审慎是一种内在的品质，拥有它对你美好的未来大有裨益！我希望你拥有它！还有建议你能更加愉悦地安排你的时间，最好不要把宝贵的时间浪费在没有意义可言的玩乐上。

无论如何，你一定要下决心向着这个目标不断奋进，实现我在你身上寄予了的厚望！请相信我！一定会达成所愿的！

第57封信　明确目标，规划人生

想要彻底改变自己，不完全取决于你花了多长时间，更重要的是在于你是否用了心并找对方法。

——沃伦·巴菲特

亲爱的孩子：

你的学生生涯马上就要结束了。那么你对自己未来的人生规划好了吗？是不是还有些迷茫、烦恼？大多数年轻人面临重大选择的时候，都会遇到和你一样的烦恼，时间越久越是焦躁不安。有些年长的人认为这样的年轻人太“轻浮”，而不予理睬，但是在我看来，当年轻人面临道路的选择，感到迷茫而看不清方向的时候，是年长的人应该站出来指点迷津的。

在我们生活的这个庞大社会系统里，社会在发展，环境在改变，年长的人不能给你们指出到底应该从事什么样的职业合适你？而且职业的种类也是十分庞杂的，有些职业在消失，一些新的职业又再出现。例如，在工学这个领域里，就有数十种不同的工学技师；另外，医师、律师或地质学家，在工作上会有何种要求，你了解多少呢？想必你是不会了解的，因为亲戚当中，并没有人从事那样的行业呀！如果有人在某一期间不惜时间与心力向你介绍让你有兴趣的职业，那应该是最好不过的了。想要得到实际上有用的知识，除此之外应该没有其他更好的方法了。我曾经有个做商人的朋友，他儿子所在的学校进行过这样的讲座。在一周里面，请来十二种职业的指导教师来为学生讲课。学生们首先从这十二位老师那里听取各专门领域的概要之后，从里面选出两种职业。接下来，就安排学生到他们自己所选的职业现场去采访。有志当医生的人去手术室，喜欢当老师的就让他到学校的讲台上去示范。

访问之后发现，参加过讲座的大多数学生会对以往有兴趣的职业产生不同的想法。另一方面，他们也会对自己所选的职业有更高的欲望。不过，这种课程最大的收获，当然是参加者都从各式各样的维生方式中，体验了其中的几项。虽然，要让这么重大的决策取得具体的结果，只花一个星期是不够的。但是起码这所学校，在帮助学生们选择未来满意的职业上，已比光用言语给学生建议的方式好得多，他们让学生们从实地的经验学到了更多的知识。

试想一下十年后你会是什么样呢？从事什么样的职业？考虑到未来的问题就必须列出详细的人生规划。选择你喜欢的行业，这些行业是什么样的生活形态，有什么样的特征。例如考古学者，就业机会很少？有无地理上的限制？地质学者为了要找寻新的矿床，必须长期离开家庭，那样的条件和你理想中的家庭生活协调吗？如果你没有特别感兴趣的职业领域，我建议你选择工作机会不受地区限制的职业。那样子，即使搬去别的地方，学到的技艺还是伴随着你。大多数的医生都体验到移民到外国是很困难的事，因为医生的教育有很严格的规定，并且几乎所有的其他国家都不相同。

还要面临的一个问题就是结婚生子，这是完整人生的一部分。为了使教育子女与工作能协调，男女双方都应该在选择职业之前深思熟虑，当然这不包括决心以不生孩子来回避整个问题的夫妻。我虽然同意即使没有孩子，还是能够过着满足、幸福的人生，但是身为你的父亲，我享受了非常快乐的家庭生活，一直都坚信孩子带来的喜悦是任何东西都无法取代的。

想要生孩子的话，就应事先慎重地考虑子女的养育问题。大多数的心理学家说“一个人成长之后精神上的安定与否，是三岁以前就决定了的。”因此三岁以前，有没有感到被爱，或稳定感、满足感，会严重地影响到一个人一生的精神状况。我们社会上也有不少不得不分离在外工作的夫妻，但是你如果有选择的自由时，最好让你的妻子能选择那种可以中断工作数年，自己养育孩子，等孩子到达学龄的时候，还能够复职的职业。或许，在初期的育儿时期，还可以用某种方法或形态，在家里继续从事职业的业务。但是，这虽是个人的问题，却应该由夫妻慎重考虑之后来决定。

谨慎做好人生规划，这样实行起来你就会觉得信心百倍，目标明确，每天都充满希望，每天都收获成果。从此以后你将会依照自己的希望努力奋斗，做你期望的事，成为你想成的人。

亲爱的孩子，我也一直支持你，鼓励你的！

有些人生来就有与人交往的天性，他们无论对人对己，言谈举止自然得体，毫不费劲就能获得人们的尊重和喜爱。可有些人却没有这种天赋，他们必须加以努力，才可以获得人们的注意和欢迎。但是无论天赋还是努力的，他们的结果无非是博得人们的好感，而那获得种种好感的途径和方法，便是“人格”的发展。人格是一个人整体精神面貌的表现，是能力、气质、性格及动机、兴趣、理想等多方面的综合表现。它是从人出生时就有并一直延续发展下去的。一个人的魅力在于人格的魅力。人格魅力又是一种人品、能力、情感的综合体现。然而，世界上没有十全十美的人格，虽然人格中或多或少有先天的魅力，但是人格魅力的获得，还主要是凭借后天的培养。

人格的发展贵在坚持。只要你愿意从生活中的一点一滴做起，采取正确的方法，加之持之以恒的努力，你的人格魅力必定会光彩夺目的！

第四章

魅力提升人格

第58封信 气质优雅，出类拔萃

气质之美与其说是来自内心的修养，不如说它是来自一种对美好事物的欣赏能力。这份欣赏力就使一个人的言谈举止不同流俗。

——罗曼·罗兰

亲爱的孩子：

“它会不会在某方面对孩子有用呢？”不管我看到或听到什么事情，我首先这么问自己。比方说，前几天，我下班时路过一家书画店，在壁橱上我看到一幅卡洛玛拉蒂的绘画。这幅画的主题是绘画的全体师生，画面的正中央是一位老教师，正全神贯注地指导学生用不同的画法进行绘画。在顶端的阴影部分，画着美惠三女神，并写着这么一句话：“如果没有我们，所有的辛劳都一文不值。”对画面中每个人而言，这句话着实是一种真理，我希望你也会这么想。为此，我把这幅画买了下来，并托埃利奥特先生把它带给你，愿你好好保管，每天不忘去端详它，有所感悟，并一直坚持这么做。

众所周知，世界上没有十全十美的人。纵使最优秀的人，其优雅也比不过宝玉。可为什么拥有相同品质的人，其中有的人更具吸引力，而有的人令人讨厌的不得了？通过仔细地观察和分析，不难发现那些更具吸引力的人身上同时具有优雅的气质。因为缺乏优雅，必要的品质，重要的学识会被人们忽视甚至抛弃，何以谈吸引力呢？

如果你问我“优雅”是什么？或者如何掌握它？我可以告诉你具有“优雅”气质的重要意义，但是我没办法直接给你，还得靠你自己去观察和判断！当然，我很想给你，因为我不知道除此之外，我能给你什么更好的东西。于是，我又劳驾埃利奥特先生给你捎去一本关于强调“优雅”的书。其实，在我所认识的成功人士中，我觉得马尔伯勒公爵最优雅。尽管他没有文化，又不聪明，但是他拥有良好的理解力和判断力，更重要的是，他具备优雅的气质。这足以使他与众不同了。正如有人说：“最好的榜样，就像绘画作品中的古希腊雕像那样极其罕见。”

说心里话，我给你讲这些东西的时候，更希望你能更快更好学到更多的知识，不仅在重大场合还是细节地方，你都需要以“优雅”的气质表现你自己。尤其在上流社交圈中，你要认真留心观察那些优秀人士的言行举止、不失风度的敬意、让人感到愉悦的欢笑、谨慎的坦诚……如果你不在乎这些细节礼仪，将避免不了遭到失败的打击。比如，你与人交谈时，用词俗套、说话吞吞吐吐，声音低沉；出门的时候，衣着不整，胡子拉碴；做事犹豫不定等等。你知道，我对你抱有厚望，想让你成为一个尽善尽美之人。不管我说多少，也许对你而言，感到十分厌烦，但是这个话题是永远没有尽头，我一如既往地会给你提意见，直到你拥有清晰地观察力和敏锐的判断力……

第59封信　观察模仿，完善修养

对微小事物的仔细观察，就是事业、艺术、科学及生命各方面的成功秘诀。

——史迈尔

亲爱的孩子：

我不敢保证你掌握了各个领域的知识，不过我相信你已学习了很多知识。如何让你所学的知识大放光彩，这是我现在唯一关注的问题。当然，也是你今后应该主要关注的。

如果一个人学问并不高深，但是他通情达理，言谈举止优雅；而另一个人才华出众，却傲慢自大，穿着浮华。可想而知，在与人交往中前者肯定要比后者占有优势，其实，他们之间根本不具有可比性。说到这儿，你也许疑惑，“这种优势，每个人都能拥有吗？”这点我十分确信，只要他愿意多接触一些通情达理的人，并且用心观察和模仿他们身上的优点，必有收获。

当你在社交场合的时候，倘若某个人给你留下的第一印象足以使你着迷，你既想对他做出评价，而又说不出为什么，那么你就要认真分析一下原因了。不难发现，他身上有一种温和谦恭的态度、优雅得体的举止、考究的衣着、绅士的风度等组合的迷人气息。毫无疑问，接下来你要去留心观察他与不同的人的谈话的话题、语气、情感、方式，然后适当灵活地模仿他，但不能为了逗乐玩笑或“完美复制”而卑躬屈膝地去模仿他，更不要全盘照搬。这样，你就会发现他们在与人交往的过程中，非常注重自己的言行举止，时时流露出对人的尊重、关心，氛围愉悦，让人感到温暖。其实，这些让人感到亲切、得体的礼节都可以通过观察和模仿获得，而且我们掌握的交往方式也多是以这样的方式学习的。不过，重要的是我们要有一个优秀的模仿榜样，然后用心学习，并学以运用。

俗话说：近朱者赤，近墨者黑。在现实生活中，人与人之间都不可避免受到一些潜移默化的影响。一个人如果经常和优秀的人来往，久而久之，他自然受到优秀之人的思维方式、生活风格、优缺点等等影响，从而不知不觉地改变了自己的品行。事实确实如此。曾经有一位农村青年作家，以一本揭露旧社会黑暗的小说轰动文坛。正当人们期待他能掀起一股文坛新风的时候，他却受到一些热衷于利益的出版商和轻浮文人的邀请，经常出入豪华的酒店、歌舞厅，慢慢地，他喜欢上了这种纸醉金迷生活方式。后来，他竟也歌颂起那些醉生梦死的生活……这可是“近墨者黑”的佳例！人生也是如此。你想变得聪明，就要和聪明的人在一起；你想变得优秀，就要和优秀的人在一起。因此，你要认识到与优秀之人交往的意义，善于发现和学习他们的优点，并把它转化成自己的长处，不断提高修养，你就会成为优秀者。

学最好的别人，做最好的自己。在礼仪这方面，我认为你掌握的还不是太到位，尚需努力学习。如果不能拥有作为优秀之人必具的社交礼仪，你是绝对不会提升和完善自己的修养，不会招人待见，也不会有所作为的。希望下面一张礼仪表能给你带来有益的补充，下面我罗列了优秀之人必具的礼仪：

优雅的谈吐，艺术的演讲

不管走到什么地方，用什么语言方式，与人交谈的时候，必须优雅、得体。没有人会喜欢听你满口胡言乱语。当然，你的任何意图都是说不通的。尤其做演讲的时候，如果没有风格，与平时说话有什么异样？更没有听众会耐心地听你讲完并为此报以热烈的掌声！演讲是一门艺术。你的说话器官并没有任何天生的毛病，如果你愿意付出努力，你的谈吐肯定会优雅、得体，演讲充满激情，富有感染力，其实，这也是你力所能及的事情。

言行举止要落落大方

在这方面，如果你足够重视并愿意花一些工夫的话，是完全能够做到的。比如，多接触一些通情达理的优秀人士，留心观察和灵活模仿他们言行、风度，等等。

衣着整洁、得体

在学生时代，如果你不注重衣着形象，尚可被理解；但是步入社会，还不知改善的话，就让人无法原谅了。

第60封信　举止高贵，品行可敬

衡量一个人是高贵还是低贱，要看它具有什么样的品质，而不看他拥有多少财富。

——比彻

亲爱的孩子：

关于人的举止和品行的话题，我们继续进行探讨……

这门学问不仅可以帮助你培养品行和锻炼优雅的举止，还可以帮助你了解他人。对于你这样的年轻人而言，学习和掌握它尤为重要。然而，现实生活中，不少父母和教育工作者并不注重年轻人是否学习和掌握这些。父母不是高度抓孩子的知识学习，就是认为放手让孩子自己走向社会去锻炼自己；而学校的教育则过多注重文化知识的传授，甚少教他们社交礼仪。无论何种情况，要想学习和掌握为人处世的学问，仅仅凭借理论的学习是远远不够的，还必须亲身去实践。

别林斯基说过：“外表的整洁和文雅应当是内心纯洁和美丽的表现。”保持高贵的举止是塑造可敬品行的必要条件。我热切地希望你能够做到这一点。因为不分场合的插诨打科、傲慢狂妄等行为，只会让你遭到人们的轻视和厌烦。一个爱说玩笑的人，所受人们关注的焦点如果是他作为一个玩伴提供的消遣，而不是品性和举止，那么他是无法赢得人们尊重的。同样的道理，世上没有什么比傲慢狂妄更能贬低一个人的价值了。傲慢狂妄的人也不会赢得人们的尊重和喜爱，甚至受到人们的轻视和厌烦。

此外，庸俗和笨拙的言谈举止无时无刻不表露出一个人缺乏教养，思维方式低俗；喜欢掩饰、神情多变、动作粗鲁，让人觉得虚假、轻浮；而不知廉耻的拍马屁十分令人恶心；愚蠢地花费时间和精力去关注一些琐碎的小事，只会降低一个人的档次。

前面我所提到的一些缺点，往往像人们所想的那样，也许会让原本的品性发生掩饰，甚或贬值。如果这种掩饰外表的行为还得不到关注的话，那么这个人真是无可救药了。在西塞罗的著作中谈到如何培养高贵的举止，希望你投入极大的热情，好好阅读，用心体会。还有，无论接触什么新事物，都要保持清晰的思考力和敏锐的判断力。尽管如此，你还需要经验的指导，以免绊倒或误入歧途。

第61封信　斯文从容，风度翩翩

> 一个人的行为举止、风度仪表是展现一个人外在魅力的主要方式之一，优雅的行为举止使人风度翩翩。
>
> ——塞缪尔斯迈尔斯

亲爱的孩子：

在前面的信中，我多和你聊起教养的话题。教养是不可或缺的必要品质。它本身不仅重要，而且为美德增添价值。良好的教养可以替代财富。对于有良好教养的人，即使他身无分文，也会随时赢得人们的尊重和赞赏。其实，一个人最吸引我们的不是美丽的容貌，而是言谈举止的气质。在这封信中，我们要着重谈谈斯文从容的举止风度。

在生活中，斯文从容的举止风度的确可以为人们带来好处——赢得好感。你早晚会发现和感受到的。不过，你要小心避免各种各样的笨拙言行，庸俗的恶习等等。据我所知，笨拙的言行只会给人留下粗俗的第一印象，使人们一开始就不喜欢他，这样一来，在以后的交往中，他身上的其他优点也就失去表现的机会了。而斯文得体的举止却能使他赢得他人的帮助，增加成功的机会。其实，笨拙的言行主要有两种原因所致：其一是不善与优秀人士的交往；其二是虽然与优秀人士交往，却不懂得观察和学习他们身上的言行。

因此，你要时常参加一些上流人士的聚会活动，结识一些优秀人士，并留心观察和学习他们的行为举止和处事方式，让自己熟悉和习惯斯文从容的举止风度，以改善自己的社交形象。可要做到这一点，必须要处处留心，对任何事都要敏锐观察。相反，如果一个人心不在焉，那是很难培养斯文从容的举止风度的。这种人不善思考，更一事无成了。

此外，你还要谨慎地专注措辞的表述和表达方式：语言准确、清晰、达意、声音优美、节奏协调、神情愉悦……否则，会贬低你的形象。比如，某一次聚会点餐时，你本想表达每个人都有其独特的口味这个意思，却引用了一句谚语："一个人的佳肴可能是另一个的毒药。"结果可想而知，你会被同伴认为说话水平如此糟糕。

第62封信　举止得体，思维杰出

友善的言行、得体的举止、优雅的风度，这些都是走进他人心灵的通行证。

——塞缪尔斯迈尔斯

亲爱的孩子：

有关庸俗的表现形式，实在不胜枚举。在这儿，我只给你举一两个例子，至于其他的，你自己去琢磨吧。很难想象，一个年轻人若表现得思维迂腐，言谈庸俗，他跟上流人士交往时，却无法学会他们优雅、得体的言谈举止，甚至将会被逐出上流社交圈。正如马卡连柯曾说："很难想象一个肮脏的、马马虎虎的人，他竟能注意自己的行为。"

众所周知，庸俗的思维、行为反映了一个人学识浅薄、缺乏修养，同时，也表明了他的交友倾向。正所谓：物以类聚，人以群分！这类人对家庭琐事特别关注，喜欢打听别人的小消息，看笑话……在社交场合中，他们往往喜欢巧言善变，吹毛求疵，计较鸡毛蒜皮的事儿。为了表现自己的说话与众不同，不分场合地引用那些奉为至宝的谚语、陈词滥调，哪怕说一些日常的词汇，也少不了带上粗俗的特征。还有，经常说口头禅“帅呆了”“气死了”，等等。尤其是当别人想要在他面前耍个聪明的话，他会毫不犹豫地以牙还牙。而且，对周围的人总抱有猜疑之心，认为他们做的每一件事都是不怀好意地针对自己。比方说，有人突然笑出声来，他就会觉得是在嘲笑自己，于是，变得怒不可遏，用粗言碎语鲁莽地攻击别人。有时候，为了表现自己的个性、能耐，他常常想方设法制造声势，结果却搬起石头砸自己的脚，让自己丢人现眼起来。

一个学识渊博、情操高尚的人，不仅会尽量避免说那些俗不可耐的、晦涩难懂的词汇，还会看淡那些琐事。他会坦然看待自己在他人眼中的评价，除非他意识到自己的行为该受到嘲笑，当然，这种情况很少发生。假如他与之交往的人们态度粗鄙，说话庸俗不堪，去嘲讽某个人，也许，他会选择沉默。但是，苛刻地嘲讽，他必针锋相对，毫不妥协。事实上，有学识、有教养的人绝不会和庸俗的人为伍。

孩子，请不要觉得谈吐优雅、风度翩翩等只适用于女士。它对男士更有用，有助于表露你内在的学识和品质。尤其是在社会上，如果缺少它，你将会遭到多少损失啊！这就像光泽于玉石，没有光泽，人们是不会青睐的。学习中，你不是时常参加过演讲课吗？假若一位演讲者言谈举止优雅、自信从容，极富感染力；而另一位不爱修边幅，说话引经据典，精神异常。说心里话，相比较而言，前者肯定要比后者更占优势。

对于言谈举止优雅、得体的重要性，相信你一定会认识到。如果，你拥有了这些必要的品质，那么，当拒绝别人的时候，就会显得态度温和，而不失敬意，纵使别人对你怀有防范之心。

第63封信　彬彬有礼，良好教养

> 自尊在礼节中是最微不足道的，彬彬有礼是有教养和友好的表示，也是对他人权利、安逸和情感的尊重。
>
> ——爱·马丁

亲爱的孩子：

前几天，在波顿先生家做客的时候，你的表现非常得体，为此，我夸奖了你。不过，你却希望我在礼仪和教养方面，给你更多的指导，并保证会努力去实践。这让我感到十分欣慰。说心里话，我希望你不仅成为一名最优秀的学者，而且要成为我们国家最有教养的年轻人。

众所周知，在诸多品质中，美德的分量最重，也是一种不可或缺的品质。它能使一个人赢得人们尊重和敬仰。而渊博的知识、良好的教养、文明的礼貌，能使他赢得人们褒扬和喜爱。然而，在普遍情况下，对良好的教养产生影响甚至决定其作用的是敏锐的判断力。面对不同的情况，每个人的表现都是不一样的。有的人彬彬有礼；有的人粗俗傲慢；有的人圆滑善变，等等。比如，别人每每问你话时，你总是随口简单地回答“是”与“不是”，并不根据对方的身份加上“先生”、“阁下”、“女士”、“夫人”等尊称，这可是一种对他人不尊重的行为。同样，在这个过程中，如果你表现得心不在焉或没耐心，甚或擅自离去……这样只会让对方误解你，认为你轻视他们，根本不在乎他们的感受。这就像参加聚餐时，你独自挑选自己爱吃的菜肴，并不征求同伴的意见，不难想象，这是多么有损形象啊！

为此，你应该多观察和学习法国人的行为举止和处世方式。在这方面，他们给人一种彬彬有礼、愉悦自然的感觉。如果，你的言谈举止不得体，你自己就会觉得不舒服，反之，你通情达理，还会觉得不自在吗？所以，你要记住，不要羞怯或羞耻于做任何你该做的事。法国人认为羞怯和做作是一种“装腔作势的虚伪”，这不正是说那种本想表现出彬彬有礼，却害怕显露自己的聪明的人吗？他们分外感到紧张，说话吞吞吐吐，甚至连自己都不知道什么意思，却还觉得对方在嘲讽自己，正可谓：羞怯者可笑，虚伪者做作。

彬彬有礼与傲慢、自私、虚荣是水火不容的。真正的有教养之人不会以自我为中心，应该态度温和、谈吐优雅、举止得体，恰到好处，和大家平等相处，否则，只会使人敬而远之。因为假装的优雅不能美化一个人的气质。此外，切忌不要“势利眼”，刻意接近那些有权有势的人，企图满足一己私利。

如何拥有彬彬有礼的品质呢？不妨尝试以下几条实用的方法：

当和他人交谈的时候，一定要专心致志，切莫心不在焉。心不在焉只会让人觉得你是在故意怠慢。这是一种对他人不尊重的粗蛮行为。

说话的时候，要保持良好的坐姿或是站姿。翘个二郎腿、用脚在地上不停地抖动或是玩弄手指甲等小动作是令人可笑的。

不要在公开场合“嚼舌根”——胡乱指责任何人或任何团体，这是做人处世的一个基本原则问题。我相信你在这方面还是有修养的，希望多注意。

在内心做一个真实的自我，不要逞能好强，总是表现得比他人聪明，或者表现出无知的样子。

没有什么比缺乏教养、言行粗鄙更令人难以忍受得了。所以，无论什么时候，要想赢得人们的尊重和喜爱，你必须要懂礼貌，并且让自己表现得轻松自然。

第64封信 优秀品质，美德装点

山光水色的自然美，对人气质神韵具有深刻的潜移默化的影响，常能使人在风度于不知不觉间印上它们的影子。

——金马

亲爱的孩子：

你知道吗？当你来到这个世界，给我惊喜的那一刻，我就给自己定下了一个目标：把你培养成为一个近乎十全十美的人。为此，我不惜任何代价供你接受最好的教育，因为我相信，教育可以让你拥有高贵的品质。在你还小的时候，我就开始塑造你的各种品质，直到你明白它们的内涵，并在日常生活细节中表现出其内在美的时候，我越来越相信你对这一切的深刻理解。事实上，这些内涵浅显明了，你只需要理解，并采取合适的方法锻炼就可以熟知。

在这之前，我从未给你写信谈关于品质的话题，何况你已经学会了理性地看待问题。其实，品质的重要性——在你的生活中就已经显现出来，完全可以自己去体验。就像萨福茨伯格公爵曾说过："他之所以遵守美德，完全是为自己着想，并不在乎他人知道与否；而他之所以洁身自好，也是为了自己着想，并不在乎他人如何看待。"科尔顿曾说："人生中只有一种追求，这是一种至高无上的追求，那就是对美德的追求。"在这里，我严肃地告诉你，不管做什么，一定要注意你的言行举止，切莫染上不良的恶习，甚或误入歧路，否则，你只会自毁前程。此外，我希望你尽可能多地学习和掌握各个领域的知识，虽然你现在拥有的知识比我期望的多，而且我深信你会做得越来越好。

在你这个年龄阶段，如果你没有良好的教养，你所理解和拥有的品质都将大大贬值，甚至在一定程度上没有任何意义可言。这是我非常担心的一个问题，也是我当前的唯一的忠告、要求和期望，因为我充分相信你在这方面上，或多或少地还存在缺陷。

曾经有一个朋友解释“良好的教养”说：具备健全的心智、良好的品性，为了他人能做到自我批评、自我否定，同时希望从他人那儿赢得理解和宽恕。对于这个概念，我非常赞同，但事实却让我感到极为惊诧：现实生活中，具备健全的心智、良好品性的人并不一定具有良好的教养。那么，如何理解良好的教养呢？

实际上，它并没有一个明确的固定模式，而根据具体的人、事、物来表述的，而且可以通过亲身的观察和体验来获得。在这里，我给你谈谈它的不同表现形式以及其所能达到的程度。

如果一个人想在其所看重的社交圈里不被剔除，他必须要注意以简练、优雅、从容的方式去表达对他人的尊重。可事实上，不同的人表达尊重的方式并不完全相同。老练世故之人在表达上游刃有余，而不擅长交谈的人，说话就不免表现得笨拙。

在一个群体中，不管是谁，想要受到大家的尊重和欢迎，他必须要平等对待每一个成员。如果此群体中，没有德高望重之人存在，那么成员往往会拥有更大的自由空间，有的成员甚至表现的傲慢无礼、自以为是，这必将会有损形象。另一方面，每一个成员都可以声称自己是那个令人敬重、有修养之人。不难想象，在这种情况下，成员之间的相处氛围是轻松的，不过，切莫粗心大意。因为如果有人来到面前与你交谈，他满嘴粗言乱语，俗不可耐，你会忍受得了吗？这简直比语言的粗鲁更可恶。这个时候，你完全可以不在意他的话，甚至把他当成一个精神病患者。无论如何，你不可以只顾追逐那些好处。相反，你应该小心谨慎地避开它，把它礼让给他人。这样一来，他人才会把那些好处分享给你。如果你的理智还认识不到这一点，那就实在危险了。而良好的教养足以使你明白这一点，并在实际的行动中强化你对它的认识。

现实生活中，与最亲密的家人、朋友等相处也需要良好的教养。毫无疑问，在这种相处的氛围中，不仅会让人们觉得十分轻松自然，而且会使家庭生活和社交活动增添乐趣和舒适。不过，这种轻松自然也有一定的限度，绝对不能逾越。事实就是如此。比如，两个人在一起闲聊，说着说着，假如一方表现出心不在焉的样子，对谈话也不会互动，有时还会打哈欠，那另一方会怎么看待呢？先不说话题是不是符合彼此的口味，但如此的不尊重，谈话还有什么意义！所以，即使最亲密的人之间也需要注意举止优雅，用良好的教养来维持这份情感。否则，彼此毫不顾忌，不讲究礼貌，只会使他们之间的亲密关系越来越疏远，甚或不可避免地导致相互地指责和轻视。

孩子，关于这个话题，这次我谈的颇多。你需要好好牢记，并且用行动来证明它们的好处。下面，我简单地总结一下：

如果一个人只拥有渊博的知识，而没有良好的教养，他是不会赢得人们的尊重和友谊的，而且庸俗之极。他的学识只会变得一文不值。

在一个上流社交圈中，如果一个人缺乏修养，他不仅会受到其他成员的轻视，而且他自己也会觉得没意思，而甘愿离开，封闭自我。甚或自甘堕落，混杂在不良风气之群体中。

没有良好教养的人，不管他如何努力，只会一无所获。我希望，在不同的场合，你能够留心观察和学习那些有修养之人的言谈举止，以弥补自己的不足。而且，一定要做得比他们更好。对此，我相信你。

第65封信　平易近人，待人礼貌

事实上，每个人的朋友中都有先进与落后的，问题在于我们怎样去帮助后进朋友，使他进步，切莫跟着他随波逐流，这才是真正的“够朋友”。

——谢觉哉

亲爱的孩子：

良好的教养表现在各个方面，既体现在与各种有身份的人的交往中，也表现在对待出身卑微的人的态度上。刻意忽视礼仪，看不起身份低微的人，视他们为愚者，这样的行为都是无礼的。这种行为一定会为自己的将来树敌无数。卑微不代表低贱，只是身份地位不如我们，他们跟我们一样有良好的本性和仁慈的心。你不仅要尊重仆人和随从，还要善待他们，即使面对大街上的乞丐，也应该彬彬有礼。因为在绅士眼里，这些人是应该给予同情，而不是给予羞辱。不失礼仪，这是一个绅士应该具有的品质。我也知道有些人，自认为地位优越，对待仆人或随从常常无理取闹，态度十分恶劣。我不希望你成为这样冷酷无情的人。

对待仆人或随从，不要用生硬的语气去命令，而是应该用温柔的语气肯定对方，比如“亲你这样做”、“我希望你这样做”等等，要学会冷静地纠正，温柔地拒绝。这会让人觉得你是一个受人欢迎的绅士。如果你不能和颜悦色地对待地位低下的人，而一心只想结交名人，或是地位高、年轻貌美、人格出色的人，那么你的礼貌也是匮乏的。

我在年轻的时候就犯过这方面的错误。对于那些闪闪发光的人，我十分关注，对于其他人，我毫不在乎；我能细数那些达官贵人、学者美人，对其他人一概粗鲁。我认为在卑微者面前根本不用讲究礼仪，讲究礼仪简直就是多此一举。结果，树敌不少。在我看来，当我获得的大家一致好评的时候，那些曾经我“无礼相待”的人会给我致命一击，而使我的良好评价大打折扣。

记住我的孩子，生活中无论面对什么样的人，都应该礼仪周到，他让我们在生活中变得文雅，讨人喜欢。加上优雅的举止和必要的礼貌，你一定很快就有所成就。

第66封信　穿着入时，讲究卫生

千万不要华丽低俗，因为从衣服往往可以看出一个人。

——莎士比亚

亲爱的孩子：

当你看到这封信的时候，可能会认为我谈论的这些话题太繁琐或是有些奇怪。单独来看这确实如你所想，但是等我说完你就会认为，这对于上流人士来说是多么的重要。现在让我们来谈谈你的穿着和个人卫生。

在巴黎期间，你真应该把自己打扮得像个时尚人士。得体的穿着不仅包括衣服是否合身，就连衣服的做工、小饰品都应当有品位。一套华丽的服饰如果做工很蹩脚，穿在身上就会显得很别扭，很尴尬，让别人觉得不自然。为了让服装体现出你的绅士风度，我希望你去找法国很有名的裁缝来给自己量体裁衣，这样缝制出来的衣服既时髦又合身。穿着这样的衣服你就可以出入上流社会。另外，你还要请法国最好的理发师来给你理发，穿好袜子，系紧鞋带，因为这些都是构成你的仪表的一部分。

保持清洁也是十分重要的。这不仅是指衣服干净，还要保持牙齿、指甲、双手的干净。牙齿是很重要的，因为每天我们都要用它嚼东西，还要说话，所以每天早晨起来的第一件事就是用柔软的海绵刷牙五分钟，然后用温水漱口五六次，这样你就不会得牙病，去忍受牙痛的烦恼，说话时也会口气清新。注意到你的双手了吗？看到那些肮脏的手还有长短不齐的指甲的时候，你会不会觉得这个人粗俗不堪？幸好你的双手不是这样的。要保持指甲的光滑整齐，小心仔细地修剪成圆滑形状，不要让脏东西嵌到指甲缝里。健康的双手对每个人的身体来说都是很宝贵的。现在即使你的双手很干净，也不要像其他人那样当众挖鼻子、揉眼睛，对于别人来说，这些粗俗的举止很无礼，别人会感到很厌恶。鼻子耳朵也要经常用手帕擦干净。一方面，你可以凭借自己的判断力从上流人士那里学习他们的言行，观察他们的打扮，来改掉自己身上的毛病；另一方面，你还可以观察平民百姓的举止，避免做出像他们一样的粗俗的行为。我相信凭你的聪明才智，你一定会做到言行举止恰当得体，尽量避免粗俗。

正是这些微不足道的细节构成了一个人的外在形象和仪表。有些人只关心在这个世界上成就大事，享受无与伦比的快乐，从来不会注重这些细小的事情。这些人之所以言行笨拙、缺乏教养，是因为他们年轻的时候父母就不注重这方面的教导。父母关心孩子的教育，送他们上学读书，出国深造，他们觉得自己的孩子像其他孩子一样能干，一样出色，但是他们却忽视了孩子身上的一些小事。比如，从来不纠正孩子在学校染上的坏毛病，也不在意孩子在大学里养成的粗俗的行为，更不关心他们在国外做出的丢脸的事情。父母没有检查判断孩子在各个人生阶段上的行为举止，这都是做父母的失职。年轻人因为缺乏社会经验，无从知道自己错在什么地方，什么事情都按自己的想法来，不加改正。在那些有教养的人看来，这些毛病缺点都是显而易见的，但既然他们的父母都不管，外人就更加不会去干涉了。

现在你应该感到庆幸，因为我是你的父亲，也是你的朋友，你做的任何事情，身上的所有毛病缺点，我都可以随时给你指出来。但是我不会当众指责你的缺点，让你在朋友面前感到尴尬的处境，同时对你具有的优点，我也会大加赞扬。

第67封信 着装得体，印象加分

端庄的仪表和整洁的服饰就是最好的推荐信。

——原一平

亲爱的孩子：

你即将踏入社会，将要在这个世界大舞台上首次亮相，我觉得从现在开始你应该花点心思关注一下自己的衣着服饰了。那些对着装有独特看法和品位的人，一定是个聪明而又有个性的人，我承认，我也是常常根据一个人的服装来给这个人的总体印象打分。衣着服饰是一个人思想的体现，不管什么样的衣服，如果不注意衣服与本人搭配是否协调，对自己、对别人都是很别扭的，这是穿衣服人的失误，是他思想上出了偏差。

给你举些例子，现在许多英国的年轻人，都想通过服装来展现自己的个性。有些人为了使自己看起来更加高大威猛、风度翩翩，喜欢戴帽檐高高翘起的三角帽，腰上佩上一把长剑，再穿一件短背心，打个黑领结；殊不知在其他人眼里，这样刻意的装扮却暴露了自己的缺点。还有一些人，总是穿褐色外衣、皮革马裤，手拿巨大的橡木棒，乱蓬蓬的头发上歪戴着帽子，在我看来，他们就是在模仿随从仆人、马车夫、乡巴佬这些下等人，弄巧成拙，显得自己很卑微。

有理智的人不会穿这些奇装异服，而是根据周围的环境状况，场合的不断变化，选择应该穿什么，并时常保持服装的整洁。如果周围的人穿得很精致，那么自己的打扮也会很精致；如果周围的人穿得很朴实，那么他自己也会打扮得很朴实。如果穿得过分讲究就显得自己是个花花公子，如果穿得太寒酸就显得自己不尊重别人，这都是犯了很大的错误。对年轻人来说，宁可穿得讲究些也不要整天邋邋遢遢。随着时间的推移，你就不至于变成一个整天散发着臭气的邋遢鬼。

一旦你认为自己的服饰非常棒了，那就再也不要去想这方面的事了，因为再想就是浪费时间了。一旦穿戴妥当就应该从容自然地去面对工作、生活、学习。

关于着装我就说这么多了。在上流社会穿着得体十分重要，也很有必要，你必须清楚地认识到这一点。

第68封信　美德修养，适当表现

美德修养13项：节制、沉默、秩序、决心、节俭、勤奋、诚实、公正、适度、整洁、贞洁、冷静、谦逊。

——本杰明·富兰克林

亲爱的孩子：

你知道吗？在这个五彩斑斓、奇妙无穷的世界上，最强大的力量就是情感的力量，情感的力量需要你的亲切和友善。友善待人，好的修养比聪明伶俐更有益，而且这种友善的态度，在你去宽容别人犯错的时候，也维护了你的自尊。可见，善良不仅是一个人的主要品质，也是一个人对待他人的重要态度。

我知道，你本心善良。记得还在你小的时候，你的妈妈就经常给你讲故事说：一个善良的人遇到一个天使，天使为了考验善良的人，就设置了很多机会，而善良的人每一次都想方设法帮助天使。最后，天使感动地帮助善良的人实现了梦想……说这些，其实想告诉你，在现实生活中，并不存在天使，每一件事都需要你去经历。这也是对你的考验。然而，光有善良的品质是远远不够的，你要在经历的每一件事情上，体现出你的态度，更重要的是体现出你心灵的状态。这样你才会用善良的心去对待别人，别人也会用同样的方式对待你。就像一句名言所说：“你希望别人怎样对待自己，你就应该怎样对待别人。”

年轻人嘛！我也认识一些，他们都希望自己成为勇敢者。“如果你握紧一双拳头来见我，我想，我可以保证，我的拳头会握得比你更紧，打烂你的脑袋，抓破你的脸蛋儿，拧掉你的耳朵……”听起来就让人毛然悚骨，何等冷酷无情啊！事实上并非如此。如果这一伟大的宣言付诸行动的话，它简直就是一个十分可怕的、愚蠢的、吃惊的错误，因为它无疑会使他们变得残忍。当然，也不排除他们只是图一时口舌之快罢了。

不管怎样，我并不十分赞同你在别人面前炫耀自己的“闪光点”，也不希望你一味的羞怯而不敢大方地表现自己的善良本心。但是，你一定要辨别和远离那些十分可怕的、愚蠢的、吃惊的错误，更不要向那些希望自己成为“有勇气之人”学习。真正的勇气是当你有自己的见解，并坚信它是正确的，那么一定要慎重地娓娓道来。而往往那些自称有勇气的男人和女人，才是所谓最不受欢迎的危险人物。因为他们心胸狭窄，喜欢吹毛求疵，并且不动脑子地冒犯别人。尤其在今天的社会，越来越不适合人们“诗意的栖居”了，生活也越来越像一场没有硝烟的战场。每天都会发生一些无形有形的诋毁、侮蔑、伤害他人的事情……

孩子，你一定要留意，在大家面前说话，坦率、自信、用词优雅，而不要说使他们感到反感的话题。因为有些事情，看起来值得商榷，却往往掺杂着复杂的利益关系，稍有不慎，就会惹来麻烦。所以，本性善良的人的一切美德修养，并不是只藏在心中，而要自然地表现出来，就会令人对他了解和产生好感，哪怕与之为敌的人也会对他肃然起敬。

第69封信　风趣机智，才智表现

幽默的含义是有趣或可笑且又意味深长。幽默是思想、学识、品质、智慧和机敏的语言中综合运用的效果。

——佚名

亲爱的孩子：

你在上周与我共进晚餐的时候，向我提起一位你非常喜欢的女作家。当我问你究竟是什么原因让你喜欢她时，你马上列出了她惹人喜欢的一些特色。其中有一点你强调，就是她能在你感到郁闷的时候让你笑逐颜开。她似乎有一种超凡的魔力——幽默感，这也让所有人印象深刻。

为什么我们会对这样的人怀有特别的好感，甚至达到迷恋的程度呢？聪明的你仔细想想吧，那些受人喜爱的人，常常因为他们身上散发出来的幽默感而备受人欢迎。可是人们往往对自己要求严格，对其他人宽容，所以自己不具有这种魅力。检查一下自己，如果你身上没有幽默感，想想办法吧，使自己有这种吸引人的魅力吧。

幽默感并不是与生俱来的，而是后天拥有的，所以在我看来，一个人的潜在能力若被发掘出来，幽默感自然会滋生出来，并绽放出美丽的花朵。心情好世界都变得绚丽多彩，世界也会因为我们的快乐而变得更加美好。

人类复杂的个性决定了他们具有变化多端、神秘莫测的情感。已经一把年纪的我对于自己来说，仍然需要面临惨淡的人生，我也同样需要用积极地心态来处理这些困难。每当一个新日子来临的时候，我们总是需要对两种截然不同的生存方式进行选择；是消极面对黯然神伤，苟延残喘，还是用热情、乐观、快乐来迎接每一个崭新的日子？幽默能丰富生活，强有力地治愈生活的各种疾病。这一点我深信不疑。

现在的你身为国务秘书，见多识广。在意大利你也有很多事情要做，听说你也开始对风趣幽默产生了兴趣。你在信中极力推崇瑞士人的风趣机智，尽管如此，我认为与雅典人的尖锐、精致的机智相比，还是略逊一筹的。雅典人的风趣机智对整个希腊产生了很大的影响，甚至还对罗马产生了不小的影响。你若是受这两种不同风格的机智感染的多了，就越能提升自己的幽默感。

风趣机智并不意味着揭示别人的隐私或是短处。人们常常用冷笑时的幽默来掩饰自己缺乏的自信心。事实上，即使是再亲密的朋友，哪怕是亲戚之间，最多只能进行无伤大雅的戏弄。否则一旦产生误会，对方便会深深受伤。善意的谎言或是率真的笑语更加温和，它不会破坏友谊，伤人伤己。

孩子，自然率真的笑容，充满笑意的眼神这些都是我们必不可少的。无论在你快乐还是悲伤的日子，幽默都能帮你度过人生的各种障碍。你应该学会快乐，变得幽默，每一天都是新的开始，一个新生命的开始。

第70封信 学习演讲，练习书写

一旦我们不停地关注那些我们能够完成的小事，不久我们就会惊奇地发现，我们不能完成的事情实在是微乎其微。

——塞·巴特勒

亲爱的孩子：

作为你的父亲，我由衷地希望你能成就一番大事业。所以当我发现你有任何缺点需要改正时，我都会及时地、毫不掩饰地给你指出来。社会上自称是你的朋友的人，你也乐于把他们称为自己的朋友。但是有些人绝对不会指出你的缺陷，哪怕是小小的缺陷也不会告诉你。相反他们只会吹捧你，恭维你，迫不及待地想接近你，急于跟你交朋友，因为在他们心里，你在各个方面都不如他们。对你而言，你应该把我当作朋友对待，因为不管我说什么做什么都是为你着想，这是我的职责，而你的理智也应该告诉你，父亲是值得信赖的，你应该确信我的忠告。

每一个成功的人士都是从身边的小事做起的，因而你也应该从身边的小事做起，集中精力并力争完美。那么将来你被委以重任的时候，就会习以为常，不会因为一点点小事而心烦意乱。

最近，我听别人说，你说话不是很流畅。当你说话速度很快的时候，别人就听不清你在说什么，进而不能理解你的意思。我以前就跟你提到过这个问题，现在我只能再重复一遍：好好训练说话技巧。若是一开始就没有注意培养这方面的技能，不能简练、清晰地表达自己的意思，那你将一无所获。要先让自己的演讲博得他人的好感，就要迎合大家的口味，跟大家保持一致。说话时发音准确、吐字清晰、重点突出、抑扬顿挫，以你演讲的魅力，牢牢吸引观众的注意力。你以前所学的和将要学习的，对你现在的为人处世其实并不重要。现在，你可以把学习演讲当作重点工作来做，直到你完全掌握为止。抛开一切琐碎的事情，就是专心地读书和说话。不管有没有听众，都要像在公共场合演讲一样，大声地朗读，吐字清楚。如果你在某一个字上发音不清楚，那么就要不断地练习这个字，直到能准确无误的发音为止。讲话时不要太快，要放慢语速，让对方听清楚，明白你的意思。

除了演讲，你还要写一手好字。我知道你有写错字的毛病，但是我不知道你为什么会有这样的坏毛病。你的字实在是写得太难看，如果让你写一份文件或是起草一份公文的话，错字连篇，既不雅观，也有损你的颜面。力求把字写得漂亮一些，这在一定程度上既能展示你的个人魅力，展示你的个性特征，也能给别人留下好印象，所以，我希望你今后注意这一点，改掉粗心大意的缺点。只要是一个能用眼睛看，能有右手书写的人，就应该书写正确。完美无缺虽然大可不必，你需要的是尽你所能，向优秀的作家学习也是一个不错的办法。

许多年轻人因为不努力，以至于后来被一些小事弄得团团转，更是做不了大事。我希望你通过自己的努力，仔细观察并与上流人士交往，学会文明世界的社交礼仪。像你这样年纪轻轻就见多识广的人不多，也很少有人能像你这样近乎完美。不要因为一点点失误就气馁，充满自信地去尝试每一件事情，坚持到最后一定会取得成功。

你现在的人生路上虽然布满荆棘和障碍，但是，不久的将来这里将开满艳丽的玫瑰。

第71封信　措辞文雅，留心学习

要是你想达到你的目的，最好用温和的态度与人家讲话。

——莎士比亚

亲爱的孩子：

相对欧洲其他国家而言，我们的国家更推崇雄辩口才的重要用途和必要性。很明显，纵观全球雄辩家中，英国人占据了更多的优势。如何在公共集会上发表演说，以及对公众的影响，对于这个话题，我想和你好好谈谈。

如果，一个人想要成为受大众热烈欢迎的雄辩家，他必须要拥有渊博的学识和敏锐的观察力。此外，他必须要注重用词达意、语法准确、文风优雅、节奏协调、举止得体……在这一点上，听众是十分在意的。如此才能牢牢抓住听众的心，使听众不仅理解他的意思，还会积极地配合他调动演说的氛围，让演说效果以尽善尽美地呈现出来。否则，他将收效甚微。举个事例说：已故的库普作为一名杰出的雄辩家，其演说的逻辑思维并非十分严谨，但他的成功却源于注重措辞严谨准确、语言风格高雅、节奏高度协调、神情举止得体，以及灵活运用演说技巧。毫不犹豫地说，这一切使他每一次的演说极富激情和感染力，总是深深赢得人们的喜爱。而另一位雄辩家查尔斯汤谢德（已故）的演说极其注重逻辑的严谨性，富有才智，却丝毫打不动听众的心。这是什么原因呢？因为他措辞不文雅，有时候还显得庸俗不堪；声音听起来几乎没有抑扬顿挫的感觉；举止也不够风度。结果呢？几乎没有人愿意耐心地听他讲完，甚至有些调皮捣蛋的年轻人还学他说话取乐。

唉！人们往往由于无知，总觉得那些外在的修饰是可有可无的东西，其实它们蕴含了无穷的力量。在《雄辩术》中，西塞罗极其推崇雄辩术，认为一个雄辩家必须拥有精通各个领域的知识的能力，能够从事任何一种职业。如果是这样的话，我只能说这是每一个人都渴望拥有的东西。不过，生命有限，有谁能够走到这样境地呢？

当然，我觉得西塞罗的观点也有值得赞同的地方。如果一个人成为出众的雄辩家，无论谈什么话题，都能以高雅的措辞、得体的风度参与进去，不仅能够恰如其分地增添演说的魅力，还能够牢牢地打动听众的心。

现在，你所欠缺的就是掌握准确、优雅的语言风格。也许你并不太在意这一点，不过幸运的是，我有必要给你指出来，你可以从今做起，以提高你的说话水平。要想成为一个出色的雄辩家，不是单凭渊博的知识、严谨的思维就能达到目的，你还需留心观察和研究那些成功的雄辩家的演说技巧和风格。如果在一个两三人的群体中交谈，只要逻辑有条理，主题清晰，论据充分，哪怕你不是特别的优雅得体，你的话仍然有分量；但是，如果这个群体扩大，你再用这种方式去说话，恐怕会适得其反，让大家笑话。因此，你要重视你的语言风格，不管使用什么语言，交谈还是写作，一定要纯正、高雅。失去了这些，你是赢不到人们的鲜花和掌声的。

为此，我再强调一遍，如果你想让人们听你说话，那么你必须站在他们的角度上考虑。

第72封信 掌握技巧，抓住观众

榜样的力量是无穷的。

——科达勒维耶

亲爱的孩子：

在提高演讲能力方面，我得知你把德摩斯梯尼作为榜样。说实话，这种做法很好。塞约翰逊曾说过：“榜样具有良好的感染力 。”的确，好榜样就像把许多人召集到教堂去的钟声一样。但是，有一点你不能忽略，德摩斯梯尼为了锻炼清晰准确地发音、说出每个单词，以求谈吐优雅、得体，可吃了不少苦头呢！每次练习，他都跑到人少的海边，吹着海风，嘴里放一个小石块，尽力把嘴巴和牙齿分开，结束的时候，不是牙齿擦伤，就是嘴皮磨破……

不知你是否听过德摩斯梯尼的演讲？他的语言风格独特，技巧灵活，论点突出，论据有力，结构严谨，又极其注重调动听众的情绪，使听众对演讲主题的认识不断深化，引起了听众心中强烈的共鸣。因此，不管你在什么场合演讲，必须充满自信，运用语言的美，注重抓住听众的内心情感，这样才会使你获得成功。正如金马所说：“只有你具备了精神气质的美，只有你有这样的自信，你就会拥有风度的自然之美。”

第73封信 培养口才，能言善辩

演讲者的体态、风貌、举止、表情都应给听众以协调平衡乃至美的感觉。

——曲啸

亲爱的孩子：

你读过克莱顿爵士的历史著作吗？其中，他对约翰汉普森做过这么评价的一句话：“他有一颗创造性的头脑、一张能言善辩的嘴巴和一双制造不幸的手。”在这里，我暂且不对这一评价发表任何个人的看法，只想把“不幸”这个词替换为“好处”，并且希望你能拥有修改过后的评价中的才能。

首先，我谈谈关于“能言善辩的嘴巴”的话题。我知道，你的人生阅历尚不丰富，不过，你应该已经意识到谈吐的方式，优雅与否以及所产生的效果是不一样的。当你面对一个说话结结巴巴、语法多错误、引经据典“牛头不对马嘴”、嗓音毫不悦耳、叙事俗不可耐、让人听得云里雾里、一塌糊涂的人。难道你不觉得这是一种精神的折磨？又为此而讨厌他吗？对于我而言，我不会放过表露自己的不满情绪的。反之，如果一个人以清晰、准确、优雅、有条理，又易让人信服的方式来和你交谈，你难道不会喜欢这种谈话的氛围吗？而且，你也会从这种谈吐方式中学习可以弥补自身不足的东西，使你的演讲具有不可抗拒的感染力。

由此可见，优雅的谈吐不仅能使你说服他人，而且能使你增加知识和修养，还可以增进你与他人的感情，这一切需要你的锻炼获得。而你的头脑是否具有创造性，在某种程度上，是从出生那一刻就已经注定了。接下来，你就需要不断地学习、观察、思考来增长你的学识、能力……而且，还要通过你的嘴巴把它说出来，否则再聪明的大脑也实现不了它的价值。同样的道理，一双“制造好处的手”的能力大小也离不开你的努力。

如果一个人想在公共集会上发表打动听众的演讲，仅仅追求语言的清晰、准确，这是远远不够的。至于你的演讲风格是否还有缺陷，那就得看你的认识了。如果不理想的话，你就需要付出最大的努力、尽量去提高你的演讲水平。无论与谁交谈，使用什么语言，你一定要注重表达方式得体、措辞优雅，而不能只认为让对方勉强听懂就可以。同时，你还需要用心修饰你的表达思想，就像生活中为自己修边幅一样重要。否则，那将多失风度啊！

在这儿，我建议你可以向古希腊著名演讲家德摩斯梯尼学习。为了锻炼措辞得当、风格优雅的演讲，他以自己的努力，不断地实践而成为历史上著名的雄辩家。此外，我给你邮寄了一本书，作者是博林布鲁克公爵。他不仅练就了三寸不烂之舌，而且文笔上妙笔生花。平时，他与人交谈的风格和他的作品一样优雅……这些并不是他刻意去做的，而是他在日常生活中养成的一种自然表达的习惯。我希望，你收到这本书后，一定要不厌其烦地一遍遍读，并且特别关注他的文风、演讲技巧。在此之前，我确实也没有认识到母语的博大精深和艺术美。

的确，语言是一种奇妙的东西。今后，你将要走向社会。拥有能言善辩的口才，再加上良好的修养和学识，必定会为你的前途锦上添花。所以，你要努力锻炼演说的技巧，用词贴切，节奏协调，让听众明白你的意思，还要具备高雅的风格，把你的表达思想点缀的尽善尽美，使演讲富有感染力，去彻底地说服听众。而且，不管在任何场合，你都要演讲好。

第74封信 效仿遵从，语言习惯

我们的语言，不妨直爽，但不可粗暴骄傲；有时也应当说几句婉转的话，但切忌虚伪轻浮与油滑。

——培根

亲爱的孩子：

在回信中，你说开始着手翻译《赛克斯图斯的生活》。如果在这个过程中，你能够学习和掌握准确、高雅的语言风格，完善你的修辞思维和表达方式，并形成自己的语言风格和言语形象。不管你翻译的如何，都让我感到特别高兴。

人们常常说一个人的字写得怎么样，往往反映出其素质的高低，即所谓“见字如见人”。同样的道理，语言也有如此功能——言如其人。一个人的语言表达如何，不仅能反映出他的文化水平，还反映出他的教养程度。如果一个人的语言习惯拙劣，不管他拥有的知识多么丰富，也不会受到人们的喜爱的。那什么是语言习惯呢？它是人们在社会交往中长期积累下来的一种说话沟通方式，对人际沟通有着重要的意义。良好的习惯可以让你左右逢源建立好良好的人际关系和人脉。相反，不良的语言习惯是人际沟通的最大阻碍。

事实上，每种语言都有它的独特性，以及固定的习惯用法。比如，我们常见的一些语言搭配，不管正确还是搞笑，一旦被普遍认可，就要遵守这种约定成俗的用法。这就像习俗一样，它是在生活中由人们的习惯构成的，因此人们需要去遵循这种语言用语。虽然这些用语中也有一些是不常用的，但是年轻人如果不分场合地随意说些奇怪的话，人们是不能理解和接受的。也许，你对自己说话的习惯、语音语调都感觉良好，但是，这种感觉不一定都是正确的。

因此，在日常生活中，你要充分了解自己的性格、知识结构、形象、偏好，有侧重地丰富“个人语典”，发掘自己的习惯性表达方式，并在各种各样的场合和机会中，有意识地多接触不同的人、事、物，多锻炼，形成自己的言语风格……尤其在学校教育阶段和早期生活中，最需要学习如何正确地运用语言进行交流。这是非常有用的。就像一句话说得那样：“在学习正确表达的同时，我们学会了正确的思考。”与此同时，正确的表达也有利于正确的写作。关于这个问题，我不想说得太多，希望你能认识到它的意义，而且以后我们可以更深入地探讨这些问题。这也是人与人交往的基本礼仪。如果不具备这些礼节，我的一切建议都是无用的。

第75封信 经典时尚，吸收运用

语言只是一种工具，通过它我们的意愿和思想就得到交流，它是我们灵魂的解释者。

——蒙田

亲爱的孩子：

你知道，法国是浪漫、时尚之都，其语言也讲究浪漫、时尚风格，已成为欧洲的“洲际通用语言”。你在法国已经学习生活过些许日子了，现在，你也可以说是半个法国人了。我相信你会流利地说法语了，不过，你对这门语言掌握多少、措辞是否得体、风格是否优雅，这些我还不得而知。因此，在回信中，你必须书写法语，与人交谈也要用法语。

在巴黎，你要细心观察和了解不同的语言风格。有些词汇优雅精炼，或旧词新用而风格时髦，等等。如果你愿意的话，也可以试着学几句，但要保持头脑的理性，切忌沉浸在这种时尚的词汇中。否则，你会被它们蒙蔽，而变得多愁善感，浮躁、冲动、思维怪异、说话粗鲁，甚至整个人变得不可理喻。当前，这儿盛行追逐时尚之风，在这样的环境下，你难免不受到它的影响。我希望，你能谨慎地辨别和避免这种时尚之风腐化你的思想和兴趣。当然，你也不必“一刀切”，排斥这种时尚。不妨从中选择一些风格，加以审美、分析，融合到自己的语言中。如果有效果就采用，反之，就果断地抛弃。正所谓：去其糟粕，取其精华。比如，你可以经常阅读高乃依、拉辛、布瓦洛等著名文学家的作品，凭借自己的思维向他们学习朴实无华的语言技巧和优雅风格，以及寻找纯正的趣味。另一方面，也不要自恃清高，对那些倾向于时尚之风的人评头论足，或毫无顾忌地嘲讽。

特别是在不同的社交场合中，你必须要“三思而后行”，灵活地变换语言方式和风格。事实上，就目前你的年龄，只能去适应一个群体的风格，而不要想着以一己之力改变群体的基调。比如，遇到有风度的人，你可以表现得温文尔雅、简练、风趣；和言行举止轻浮的人说话，就要虚与委蛇……

孩子，记得每周给我回一封法文信。还有，在法国期间，如果遇到德国人或者意大利人，你必须使用他们的语言与之交谈。总之，你要抓住这个机会，提高自己的语言水平。

新年快乐！祝你开心，学业有成。

第76封信　语言风格，思想外衣

气质之美与其说是来自内心的修养，不如说它是来自一种对美好事物的欣赏能力。这份欣赏力就使一个人的言谈举止不同流俗。

——乔治奥威尔

亲爱的孩子：

“风格是一个人的思想外衣。”我认为，这句话说得非常有道理。在这封信中，我就这个话题着重地和你谈谈。对你而言，它同样很重要。因为你在这方面还存在不足。如果你的语言风格庸俗、拙劣、呆板，这无形之间就会使你的形象大打折扣，人们更是无法理解和接受。就像一个人拥有魔鬼的身材，穿着打扮却破破烂烂，肮脏不堪，必会不受人们的喜爱。其实，对于语言风格的评价并非都是以理性思维看待的，也许凭借耳朵就能或多或少地下判断。如果是我在公众场合发表演说，我宁愿用温和、文雅的语言风格，也不会用庸俗、粗劣的表达方式。因为后者会有失高雅，给别人留下不好的印象（我可不愿意做得这么糟糕）。

记得有句话说，“诗人是天生的，而雄辩家是可以通过后天的培养锻炼产生的。”确实如此，一个雄辩家首要说母语，并且使用最纯正、最优雅的语言风格。这是他必须遵循的原则。因为说母语时，哪怕出现半点错误，就会被人笑话。我建议，你买三四位英国最优秀作家的书籍（比如斯威夫特、德莱顿、阿特伯利等等），并随身携带着，用心阅读和领悟，特别是要研究他们不同的遣词造句和优雅文风。更重要的是学以致用，帮助你纠正那些古怪的措辞，提高英语水平和写作风格。

听哈特先生说，你在国外很少说母语，而且几乎遇不到能够真正帮助你提高英语水平的同胞，这一点我承认，哪怕你遇到很多说母语的同胞，他们的英语水平不一定比你强，甚至比你更蹩脚。因此，你要多和哈特先生学习和沟通。话又说回来，在语言风格的问题上，我们英国人虽然做得不够理想，但不至于成为你忽略学习母语的理由，相反，你要认真关注这个问题，并且想方设法改善你的语言水平，否则，你永远做不到出类拔萃。

事实胜于雄辩，语言风格的纯正、文雅，配上灵活的说话技巧，足以弥补雄辩家和作家在某种失误下出现的不完美。就拿我来说，如果某个人和我交谈，他的内容听起来非常精彩，但是他表达上出现多次语法错误，引用的谚语显然不符合主题，说话过程中时不时地中断，高声地清嗓子，那么我实在受不了这种说话的氛围，可想而知，我不会再给他说话的机会了。有人说，“眼睛是心灵的窗户。”一个人要想打动对方的心，就必须灵活利用它，还有耳朵。不然的话，你将收不到任何效果。所以，你要是发表演说或文章，一定要运用文雅的语言风格、得体的举止、协调的节奏、激情的感染力征服你的听众或读者的眼球、耳朵和心。

据我所知，关于如何成为雄辩家的书籍，你已经读了《昆提连》——这是该类书籍中最好的一部作品。西塞罗的《雄辩术》你也读过。不管怎么说，你一定要学会和灵活运用纯正、文雅的语言风格，为此，你必须好好锻炼。而今，你已经长大成人了，你要有自己的梦想——请把自己培养成一个出色的雄辩家。我相信你可以做到，而且会愈来愈有出息！我的孩子，加油！

第77封信　避免笨拙，表意不清

在我看来，思路清晰的主要标志是一个人独自在一处的徘徊能力。

——塞内加

亲爱的孩子：

此前，我谈过，你在谈吐方面做得还不够好。我一直很担心。生活中，由于父母多是不愿过于管教，或忽视这方面的作用，结果不少年轻人染上滑稽的动作、笨拙的言谈等恶习，久而久之，就会变成了一种坏习惯。正所谓：若少成天性，习惯成自然。于是，我常常提醒你，切莫沾染上这些坏习惯。

生活中，还有一种不好的习惯——思维上的“凌迟”表现。比如，与人见面的时候，把称呼弄错；有时说话往往词不达意，吞吞吐吐，让对方不知所云……这些说话的语音、方式以及流露出的情感等等，你必须准确、清晰地表达出来，否则，就会让人不知所云。当然，你的任何意图都不会实现。而且，你还要谨慎地避开这些笨拙的习惯。因为我发现，一些高尚情操的人因沾染它们而不受人们欢迎，反而那些看似没有高尚情操的人在这方面做得非常到位，而深受人们的待见。

第78封信　上司长辈，从容自在

> 君子上交不谄，下交不渎。
>
> ——《周易》

亲爱的孩子：

礼仪就像是气垫，或许里面是空空的，但是却可以出乎意料的减少震荡。礼仪周全，比任何智慧和学识都要重要。

听说你的第一次宫廷之行相当成功，而且波兰国王也对你大加赞赏，这些让我感到很高兴。一个人必须具备受人敬重和坚定的品质，才能承受比自己优越的人的恩宠。

对于长辈和上司，每个人都会以礼相待。能够放松心情，若无其事而又自然坦承地以礼相待的人，肯定是通情达理，具有丰富的人生阅历的人。他们知道该如何表达自己的敬意，一点不会显露出慌张的神情，从容地跟长辈，哪怕是国王谈话。这些对于初涉社交圈，尚未学会怎样跟长辈或上司从容交谈的年轻人来说都是非常重要，极为有用的。对于缺乏与杰出人物交流的人来说，面对比自己地位优越的人时，常常手足无措，又因为害羞而显得笨拙无礼无所适从，就算他不笨，也只是站在一旁观察。我见过很多人，他们受过正统的英国教育，当面对国王的时候还是不知道手脚都应该放在哪里。要是国王对他们说话，他们更是浑身打战，拼命搓手、脸涨得通红显得过度紧张，以至于都没有注意国王说的是什么。

与社会地位高的人交流时，你必须有耐心。别人和你说话，你只能接受，无论是什么谈话主题，都不要使自己陷入尴尬的境地。要讲究谈话的技巧，既要迎合对方又要恰当的、委婉地恭维长辈。有教养的人，与上司交谈时要彬彬有礼，从容不迫。

不要让自己的举止轻浮，也不要随随便便地手脚乱动。这些都会被认为是缺乏教养的表现。社交场合最大的困难，莫过于将内心的放松自如与外在的尊敬完美的融合。

我相信，你可以通过自己的努力做得更好！

第79封信　心中有爱，心生希望

爱别人，也被别人爱，这就是一切，这就是宇宙的法则。为了爱，我们才存在。有爱慰藉的人，无惧于任何事物，任何。

——法·彭沙尔

亲爱的孩子：

今天我要跟你谈到的这个话题，是充满神秘感、充满温暖感的——爱。每个人都知道什么是爱，因为在生活中，每个人都能体会到，从出生到死亡，它一直伴随着人的成长。每个人都在爱里成长、在爱里不断完善。究竟什么是爱，恐怕没有一个人能用精炼的词语概括出来，因为这种奇妙的感觉，强烈而美好，人类的一切语言在这里都是黯淡失色的。

爱是博大精深的，他的内容十分广泛。事实上，除了男女之间的爱情，还包括友情、亲情等各个方面。爱是一种特别温柔的感情，只要求付出不需要回报。戴尔认为，爱就是愿意让自己关心的人做他喜欢的事，而不是强求他满足自己的愿望。

一个人在小的时候就应该知道什么是爱，然后以充满爱的眼光去看待生活、看待周围的人、看待动物花草、看待整个世界、看待周围发生的一切，那么当他长大成人以后，就会发现自己的生活是多么丰富多彩，在爱的感召下，世界是多么美丽迷人和生机盎然。假如年轻时不懂得爱，年老时就会有无限的孤独和空虚，总是被莫名的恐惧感困扰。一个人的生命中有了爱，一切消极颓废的思想便会一扫而光。爱使人精力充沛、神采飞扬、朝气蓬勃又温文尔雅。

爱是一种艺术。实现这种艺术不仅需要真诚，还需要智慧和创意。现实生活中经常有人失去爱，而且到最后也不知道自己为什么失去爱。这些人一般不懂爱的表达，他们不懂生活中每一个细节都包含着屡屡创意；不懂得轻松传递友情，不懂得爱情的幽默。瓦西勒夫说：“所谓爱，其实质就是不断有新的思想提出，经常有感情上的饥饿感和永无止境的对美的追求。”

遗憾的是，现代很多人缺乏健康的爱的能力。他们把爱看成一种交易，期望回报和看重“结果”，在患得患失中经受折磨。就像这么一句话说：“在爱与痛的边缘挣扎，结果自己几乎把自己碾碎。”他们的生活就像断了弦的琴、没了油的灯，即使身处夏天还是常常感到寒冷。对于每个人来说，生活有得有失，这是不可避免的也是无法抗拒的。爱也会失去，也会发生变迁，这在情理之中。无论怎样，我们都应该对周围的人和整个世界保持宽容的态度。

孩子，记住这段话：友情可能会离你而去，亲情也会消失无踪，恋爱的人随时都会失恋。生命原本就不会圆满，得失是相互对立相互统一的存在于生命里，什么都不要期望太完美。懂了这个道理，你就会以积极健康的心态看待每一次失去，正确认识挫折与困难，沮丧失意自然都会离你远去。

被爱同样是幸福的，一个人感觉到被爱，他的生活中就会有无限的热情。没有爱的给予的生活是痛苦的，没有精神的寄托心灵是孤独的，被爱抛弃的人是缺乏安全感的。对于这些痛苦的感觉，人们都在本能地回避，因为人们知道，被爱包围的人时时刻刻会感受到生活的幸福。就像两个人同时走一座悬在半空中的桥，心里感到恐惧的人一定会比心里不感觉害怕的人更容易失足。

生活就是这么奇怪，对爱要求很低的人最后往往得到更多的爱。而一心一意追求爱的人往往因为别人的忘恩负义得不到爱。其实这两者本来就是不平等的。但我们还是要相信，爱只有付出才有享受。它就像一棵树，没有当初的栽种，没有精心的培育灌溉，就不会有日后浓浓的绿茵。你付出的爱越多你得到的爱也会越多。尽力去帮助别人，你就能得到别人的帮助；把全部的爱投入到生活中，自然能收获幸福的人生。

孩子，千万要记住：心中有爱！

世界上有各种各样的关系，而人与人之间的关系是最复杂的。对此，有人说：“这个世界充满了矛盾，正如人与人之间的关系，彼此相互而又复杂。尽管人与人之间的交往总与‘缘分’相联系。”但是，古今中外，很多人却深深意识到积累和经营人脉对其成功的影响是举足轻重的。就像时下流行的一句话：“一个人能否成功，不在于你知道什么，而在于你认识了什么人。”正所谓：“人脉即财脉。”

要想在人生的道路上获得更多的成功，必须有获得成功的人脉支持。美国钢铁大王卡内基曾说：“在一个人的成功中，专业知识只占15%，人际交往占85%。”因此，要善于向别人传递你的“可利用价值”，从而促成交往的机会，让彼此更深入地了解和信任你，并且建立自己的价值；然后把自己的价值传递给身边的朋友，并且促成更多信息和价值的交流，这就是构建强有力的人脉关系的基本逻辑。诚然，在《半泽直树》中，有一句话说得好：“一定要珍惜人与人之间的交往。”

第五章

交友完善人脉

第80封信　友谊之情，一生珍藏

如果生活中没有友谊，就像世界失去了太阳，因为太阳是上帝赐予我们最好的礼物，而友谊可以给我们带来最大的快乐。

——西塞罗

亲爱的孩子：

今天善待你的朋友了吗？在这个世界上，既没有朋友也没有敌人的人，就是凡夫俗子！我相信你不会这样做。法国大文豪巴尔扎克曾说：“在各种孤独中间，人最怕精神上的孤独。”可以这么说，很少有人能够过着一种绝对孤独的生活。

世间最美好的东西，莫过于有几个头脑和心地都很正直的真正的朋友。“有一把雨伞撑了很久，雨停了还不肯收。有一束花闻了很久，枯萎了也不肯丢。有一种友情，希望到永远，即使青丝变白发，也能心底保留”。友谊是无价的啊！在情感的世界中，友谊是爱的最高形式，不要求任何东西，也没有任何条件。但是，真挚、深厚的友谊是无法建立在虚伪或欺骗的基础之上的。

生活中，有一些人总是埋怨自己的朋友少、交不到朋友，甚至没有拥有真正的友谊……究其原因，不难发现，因为他们自身表现出的一些品性行为，比如嫉妒、爱占小便宜、猥琐等等，实在令人厌恶。假如你遇到这样的人，你会和他交朋友吗？想必也不会吧。事实上，友谊在某种程度上是需要彼此双方互相欣赏和尊重来维持的。在我们身边，稍微留心一下就会发现，两个志趣相投的人，他们之间的友谊非常容易建立起来。所以，要想别人和你交朋友，你必须摒弃身上不好的品质，善于汲取他人身上高贵的品质，以及流露出某些优良的品质去吸引他，比如善良、正直、感恩、胸怀大度等。并且，一个真正重视朋友，把朋友当作人生中最宝贵的财富的人，必定会精心呵护和忠诚彼此的友谊。

看！人类友谊的典范——马克思和恩格斯的友谊自从1842年开始建立，40年间，彼此互相欣赏渊博学识和高尚人格，亲密交往，关怀无微不至。有一个时期，恩格斯生病，马克思时时挂在心上，他在给恩格斯的信中说："我关切你的身体健康，如同自己患病一样，也许还要厉害些。"为了"保存最优秀的思想家"，使其能专心致力于革命理论的研究，恩格斯自始至终在经济上资助贫困的马克思。当《资本论》第一卷付印的时候，马克思给恩格斯写信说："其所以能够如此，我只有感谢你！没有你为我的牺牲，我是绝不可能完成三卷书的巨大工作的。我满怀感激的心情拥抱你。"尽管恩格斯做出了巨大牺牲，但他始终认为，能够同马克思并肩战斗40年，是一生中最大的幸福。马克思与恩格斯之间的这种崇高的革命友谊，正如列宁所赞扬的，它"超过了古人关于友谊的一切最动人的传说"。

在这里，罗曼·罗兰的一句话诠释的生动："真正的朋友是彼此透明的，彼此交换生命。双方的声音笑貌在那里互相模仿，心灵也在那里互相模仿。"可见，在一个人的成长过程中，友谊发挥了举足轻重的影响，有时甚至可以改变一个人的命运。尤其当人年轻的时候，一味忽视身边的朋友，其成功的机会就会大打折扣。友谊是一缕冬日里的阳光，使贫困交迫的人感到人间的温暖；友谊是一泓出现在沙漠里的泉水，使濒临绝境的人重新看到生活的希望；友谊是一首飘荡在夜空的歌谣，使孤苦无依的人获得心灵的慰藉……

亲爱的孩子，财富不是真正的朋友，而朋友却是真正的财富。谁要在世界上遇到过一次友爱的心，体会过肝胆相照的境界，就是尝到了天上人间的欢乐。其实，每个人都在不停地经历着"擦肩而过"的生活，每个人都需要朋友，只是各种各样的朋友身上的缺点和完美程度不同，这也是不可苛刻的事情，因为世界上没有十全十美。所以，请珍惜你身边的好朋友，善待他们，而不是过于"去旧迎新"，过于追求完美的朋友，否则，你只会失去朋友，从而变得形单影只。

第81封信　上层交友，提高品性

品格可能在重大的时刻中表现出来，但它却是在无关重要的时刻形成的。

——雪莱

亲爱的孩子：

我即将离开人生的大舞台，而你渐渐步入社会。对你而言，你给人们留下的第一印象极为重要。俗话说：近朱者赤，近墨者黑。特别是在你年轻的时候，加入上流社交圈，是你培养良好习惯的良好途径。

也许，你会问我，什么才是上流社交圈？究竟由哪些人构成？坦白说，这个问题，我也无法讲明白。不过，我会尽力帮助你了解它。所谓“上流社交圈”只是一种修辞的称谓。它是由每一个成员共同去断定，而不是任由其中一个人所决定的。其成员主要是那些有经济地位、有名望、或是在某一方面有突出的美德、或是做出突出贡献的人。不排除还会有一些出生普通、无才无德的人混进来。虽然说上流社交圈的成员构成些许复杂，但是，就整体来说，优秀的成员要占据绝大多数。他们之间的交往不仅可以增长双方的见识，拉进情感，还可以提高彼此的修养。

其实，哪怕由清一色的优秀人士构成的社交圈，也并非一定贴上“上流”的标签，因为他们中也有缺乏修养、恃才傲慢的人。如果你参与这种社交圈，不仅可以从他人身上学到很多好的东西，同时对方也可以从你的身上学到一些好的东西，加上你表现优秀的话，你一定会获得他人的尊重和喜爱。不过，你不能局限在这个社交圈。另一方面，不容置疑，若是一个完全由品质低的人构成的社交圈，更不能贴上“上流”

的标签了，尽管其成员也有才能出众的人。我建议你最好谨慎的、不要过多地参与这样的社交圈。还有，绝不可对他们流露出鄙夷的表情。还有一种比较吸引年轻人加入的社交圈，那是由哲人或诗人组成的社交圈。热衷才艺的人乐意加入，寻觅知己。而不懂才艺的人往往愚蠢地认为加入该社交圈可以包装自己。如果你遇到这样的社交圈，一定要辩证看待。

接下来，我要告诉你的是，切忌不要和由庸俗之人构成的社交圈打交道。因为其成员往往是那些出身低微、不学无术，素质差的人。塞万提斯曾说："告诉我，你与什么样的人打交道，我就能说出你是一个什么样的人。"我一直告诫你，就是不情愿你沾染他们的恶习。我身边有很多人都排斥与这样的人来往。因为在这样的交往环境中，久而久之，会让一个优秀之人变得素质低下。

正可谓物以类聚，人以群分。未来，你能否在社会上站稳脚跟，有好的发展，在某种程度上，受到你所交往的人的影响。而且，他们反过来以你的表现来评价你。因此，不管走到哪儿，你都要寻找和参与由那些优秀人士构成的社交圈，多与比你优秀的人来往，学习他们的优点，弥补自己的不足。而且，你一定要保持头脑的冷静，谨慎行事。也许，这就是我尽力帮助你了解的"上流社会圈"的最合适的概念。

第82封信　虚心接受，上流经验

骄傲自满是我们的一座可怕的陷阱；而且，这个陷阱是我们自己亲手挖掘的。

——老舍

亲爱的孩子：

在回信中，哈特先生告诉我两件事：一件是你经常和通情达理的外国人交往；另一件是在罗马那儿很少能见到同胞。对于前者，我认为这是一个非常好的现象。因为一个头脑清醒的人，如果不愿意在某个优秀的社交圈内赢得他人的尊重和喜爱，他是绝对不会继续保持与其交往的。

在罗马，虽然现在你年龄还小，你与那些通情达理的人交往时，你会发现他们的年龄比你大，待人接物比你老练，并且在社会圈里比你更受欢迎。这个时候，你可不要灰心丧气，更不要认为自己一无是处或被人看不起。你要知道，在那儿，你现在只不过是一个新人。随着时间的推移，你与他们了解的加深，以及你的交往经验慢慢多起来，你会越来越受关注。其实，当你表现出愿意与人交往并能取悦他人的倾向，尽管刚开始的时候，总感觉自己笨嘴笨舌，不知所措。有时候还会陷入尴尬的境地，但只要你是诚心实意的，一切都会好起来的。不用担心，社交圈内的那些人不会嘲笑你，反而很乐意给你一些有益的指导。

良好的观察力和判断力可以促使你充分地展现你的修养，尤其是你与有品位的人交往的时候，你自然而然会用实际行动表现出你对他的尊敬。不过，要想把这种尊敬巧妙地表现出来，则需要留心地观察和把握时机。就拿我来说，直到今天，我依然清晰记得第一次被引荐到上流社交圈的情形。当时，我一心想自己一定要表现得温文尔雅，给所有接触我的人留下好的印象。可是，我内心却异常紧张，手心里直冒冷汗，给人鞠躬问候或是回复别人话时，往往迟疑或不知所措。有时候，不经意间看到别人在交头接耳，我就会认为他们是在针对我、议论我、嘲笑我。可实际上，我大错特错了！就这样，在刚开始的一段时间里，我总觉得这是一种煎熬的消遣。

随着交往的频繁，以及彼此了解的加深，我越来越喜欢上了这种氛围。交谈不再会感到紧张脸红，甚或偶尔因太过紧张而把话说到一半咽下肚子里。其实，这种意识的转变得益于我对礼仪的必要性的认识，以及我的自信和坚持，不然的话，我必定早被赶出了这个上流社交圈。一次，我陷入尴尬的境地，一个和蔼可亲的老公爵可能发现了，他走到我跟前，说："请放松！看得出你想必鼓了很大的勇气才敢与这儿的人说话，而且你想取悦大家，这一点非常重要。在言谈举止这方面，你的经验还不足，现在你肯定意识到了。不过，只要你不放弃与大家的交往，并且努力锻炼，你一定会做好的。如果你不介意拜我为师的话，我愿意随时随地给你最必要的指导，也把你介绍给更多的朋友。”

孩子，你知道吗？这番话让我真的非常激动，又分外感到荣幸。但是，那时我给他的回复却如此的笨拙。我费尽九牛二虎之力才把我对他的感激，以及荣幸之情表达清楚。就在这时，他邀请过来几个朋友，对他们说：“朋友们，很高兴给你们介绍一位年轻人……”这可让我格外吃惊。后来，我慢慢发现，在社交圈里，那位老公爵和他的朋友一直在支持和帮助我，让我结识了更多的朋友。我的交往经验也越来越丰富，我也越来越自信了。

一切皆有可能。如果你愿意向那些比你优秀的人学习，并努力锻炼自己成为一个懂礼仪、有品位的人。现在，我对你身上的品质、学识十分认可，但是，在社交礼仪方面，你做得还不够好，这令我有所担忧。值得幸运的是，你能够认识它的重要性，并采取措施去改善它。当然，你经常和那些优秀人士打交道，必定对你学习实践以及积累经验大有帮助。于是，我建议，在你与男士或女士交往的时候，你不要掩饰你在礼仪上的缺陷，坦诚地说出你交往经验不足，感到困惑的问题。哪儿做得不周到，恳求他们给你必要的指教，并且把他们给你的建议，作为友谊的见证。你只要诚心实意地这样做，他们一定会给你热心的帮助和支持的。你一定要虚心接受啊！

第83封信　正确学习，相互启发

友谊是我们哀伤时的缓和剂，激情的舒解剂，是我们的压力的流泄口，我们灾难时的庇护所，是我们犹疑时的商议者，是我们脑子的清新剂，我们思想的散发口，也是我们沉思的锻炼和改进。

——杰里米·泰勒

亲爱的孩子：

你知道，我是多么盼望看到你的肖像画啊！从面容上看你现在神采奕奕多了，所以我知道你现在过得不错。你好像比上次我见到你的时候长高了不少，但是还不是特别高，人们都说你的腿脚还有希望再长一点，所以我希望你在巴黎的时候多多锻炼身体，在大学里还可以练习舞蹈，这些有助于你快快长高。

关于到底是住学校好还是住旅馆好，我是这样认为的，但是我不勉强你接受，半年之后你自己就会意识到。住家里的话，遇到天气不好的时候，你肯定就不想去学校了，这怎么行呢？而且在来来回回的路上也会浪费很多时间。吃住都在学校的话，你就有机会接触上流社会的年轻人，学到他们的仪表风度，你的法语也会在现在的基础上再大大提高。如此一来，你便能在巴黎过上舒适的生活，你会发现巴黎有很多有趣的生活。这是你在英国从来没有见过的，因为相比法国人，英国贵族缺少优雅从容的气度，他们不会用法语流利地跟当地人交流，说话时笨嘴拙舌，无法得体地表现自己，所以常给人留下不好的印象。举例来说吧，英国绅士宁愿跟可耻下流的妓女、舞女、女演员厮混在一起，也不愿意向法国有身份、有地位的贵妇献殷勤。

除了向上流人士学习以外，你还要充满自信的、专心致志地向朋友学习。要对自己有信心才会赢得他人的好感。你遇到过乐观的人吗？你遇到过积极进取的人吗？你遇到过不屈不挠的人吗？他们不会被困难吓倒、就算受到挫折也不会气馁，而是重整旗鼓继续前进，这样的人不说会有什么辉煌的成就，最后十有八九都会取得成功。没有什么比乐观的心态更重要的了，一种方法失败了，还可以尝试其他的方法，总有解决问题的好办法，没有办不到的事，只有实现起来相当困难的事。

“好朋友”贵在交心，深厚的友谊无需靠丰盛的宴席做铺垫。为了共同的目标走到一起，有相同的奋斗目标，彼此深深的理解，有快乐时一起分享，患难时相互依偎，遇到困难时鼎力相助的才是真正的朋友。如果没有这种精神上的协调一致，只是面和心不和的友谊就不是真正的友谊，在你的社交圈里也会产生不和谐的气氛。

就像我刚才说的那样，你要寻找跟你有相似点的人做朋友。世界上没有两片相同的叶子，更不会有两个完全相同的人，即使是同一父母生出来的孩子，也不会完全相同。你如果抱着找一个跟自己兴趣爱好完全相同的朋友的态度的话，基本是一件不可能的事情。比如，有些人虽然跟你脾气不一样，但是你们有相同的爱好，比如跳舞、阅读伏尔泰的作品等等，谈到这些的时候，你们就有说不完的话。忽略彼此的不同，尽量找出彼此的相似点，这样才会感受到对方的魅力，进而产生想要做朋友的欲望。

事实上我还遗漏了一点，学习工作的时候要“专心致志”，跟朋友交往的时候同样要做到这一点。如果你发现不能专心致志地听朋友谈话，总是注意力涣散，那么从现在开始你要及时制止它，因为这样朋友会感到你并不尊重他，他也会用同样的态度来对待你，这些都是在浪费时间。

第84封信　私交良好，受益匪浅

友谊，以互相尊重为基础的崇高美好的友谊，深切的同情，对别人的成就决不恶意嫉妒，对自己培养一种集体利益高于一切的意识。

——奥斯特洛夫斯基

亲爱的孩子：

关于礼节的话题，我想再多说一点，因为对于即将踏入社会的你来说，这确实是太重要了。

在英国的议会政府中，与人建立私交，其重要性毋庸置疑。如果你能全面有力地建立私交，并加以谨慎地维护，就能成功地建立起自己的关系网。其中有两种私交我觉得你有必要学一学。

第一种，平等的关系

交往的双方能力相当，知识水平相当，品质才华相近，彼此有好感、相互认同。这样平等的交情更为宽松，你可以感受到更多的自由和轻松。这样亲密的友谊可以不拘小节，使你的私生活更加稳定。双方可以看到对方的优点，在你或他遇到困难的时候，对方真心地愿意帮助你。这种关系除了尊重，交往的双方互相依赖，不会为了眼前的一己私利而破坏两个人的关系。即使两个人的意见出现了分歧，双方肯定有人会做出退让，最后达成共识。

有一位绅士，他是我身在巴黎的英国同胞，希望你引起重视。亨廷顿伯爵，你肯定有所耳闻，除了你，他是我最关心最尊敬的人。他学识渊博、才华横溢，各方面可以说都很出众。如果我没看错的话，他将来回国后一定会做出巨大的成就，我希望你能与他建立良好的私交，对你的好处多多。你们两个回国后肯定会同时进入议会工作，假如能跟这样能力相当、勤奋上进的人结交，你们的私交一定会让所有人羡慕，并且两人合力一定会在官场上大有作为。

第二种，不平的关系

有些人拥有出众的才华和能力，有些人拥有显赫的家世和巨大的财富，在这种关系中，双方巧妙地利用对方的长处，一方表现得彬彬有礼、举止得当，还能够忍受对方身上的缺点和错误，双方互相让步来维持这种关系。他们都相信在这段关系中既是领导又是被领导，都能巧妙地使用自己本身具有的长处。

在我看来，无论彼此关系如何，都要保持一定的礼节。因为无论再怎么亲密的关系，如果你不想破坏它，都必须保持某种程度的礼节。夫妻之间，情侣之间也是这样。随着时间的延长，各自的缺点也会暴露，随意责备朋友的缺点是无礼的表现，更是不明事理的行为，如果相互之间要保持长久的友谊，就必须以礼待人。

我深信你有丰厚而坚固的内涵，仔细琢磨我说的话，努力付诸实践吧。

第85封信　仔细观察，鉴别善恶

善恶在川流中是混杂的，但是，每个人都在他自己的生活过程中改造自己的血液。

——罗曼·罗兰

亲爱的孩子：

对于人的认识，我时常给你谈起，我们不能从一些特殊的原则中得出普遍的论断；不能认为人是理性的、高级的动物就会做出理性的行为；不能认为具有某种主导情感就会遵循某种主导情感。在这一点上，每一个人都需要了解，尤其对你而言。因为你注定要走向社会，要参与到人与人的交往之中。如何从容灵活地与人们交往？你必须要通过自己的细心观察去了解他们。这种知识的获得并不是与生俱来的，还需要必要的思考和感悟。这方面，我之所以给你建议，就是想让你以后有所作为，如果你认为它对你有用的话。

寻找并认真揣摩你性格中的主导情感，同时不要忽视性格中的那些次要的情感。（比如，野心和贪婪——这两种不相协调的情感，往往后者会导致前者的膨胀）因为在未来的某一时刻，它们会对你深入了解一个人起到重要的作用。事实上，一般情况下，想全面了解一个人，仅凭借主导情感是不够的，你还需要通过观察他身上的次要特征。了解一个人，可以利用多种途径，有时候，采取直接的方法也许呈现出的效果不理想，那么不妨间接地看待。

从生理学上说，人体的构造都是相同的，但为什么世界上没有完全相同的两个人呢？这是因为构成人体的成分在每个人身上所占的比率是不一样的。有时候，一个道德高尚的人也会表现得心胸狭窄，傲慢无礼；一个能力出众的人，在某方面也会一无所知；一个粗俗卑微之人也许会流露出自己的善良。因此，你要以辩证的思维去认识每一个体。

如果说你已经依据一个人性格中的主导情感初步判断他的话，那么，不妨你再耐心地从他身上发现一些较为次要的东西作为必要的补充，你一定会真正了解这个人。比如说有一个人，从总体来说他是一个非常守信用的人，接下来，怎么和他相处呢？第一，你不可以怀疑他的诚实，否则你会被他认为不怀好意；第二，不要过于轻信，甚至把自己的希望、命运押在他的身上。如果你所认为的这个诚实的人，正好是你的事业、感情等方面的对头，在种种利益面前，你敢保证他的内心一如平静的大海吗？所以，在交往的时候，你首先要观察分析这个人，然后判断他是不是值得信赖。

据我所知，有时候，一个绅士真得很正派，一个圣徒真得很虔诚，一个听风说雨的人真得很勇敢。其实，那些总认为自己的品德是其他人所不及的人，才是最值得怀疑的。因为一般情况下，这类人十有八九是江湖骗子。因此，你不要轻信这些初识就显得极其熟知的人，也许他们只想利用你来满足他们的利益。当然，有时候也不可粗鲁地拒绝与他们的来往。总之，你要尽量去观察、分析这类人的内心情感；同时也不要随意模仿某些有名望人的言谈举止，因为这种性格中也不乏存在缺陷，尽管它们就整体而言是好的。

孩子，一个人应该拥有但不宜过分显露的谨慎和小心，尤其在与人交往时，一定要管理好你的情绪。

第86封信　认识社会，改善人际

> 人只有献身于社会，才能找出那实际上是短暂而有风险的生命的意义。
>
> ——爱因斯坦

亲爱的孩子：

在你所有的学业中，有一项很必要也是实用的学问，那就是对社会的认识。你必须从现在开始对人进行研究，尤其是有关人的性格与态度的问题。换句话说，你必须对世间人情做充分地学习。这件事情不管你活到多大岁数，也不管你身居何位，都有去做的价值。不知道你现在学得怎样了？随着年龄的增加，生活阅历的丰富，你是否提高了对社会的了解和认识？今天我要告诉你一些行之有效的方法，来检验你是否掌握了这门学问。

在我看来，由于每个人都生活在一个现实的社会中，因此学会正确的处世态度和技巧是绝对必要的。年轻人往往忽视这门学问，不屑于掌握它。事实上对你这个年龄的年轻人来说这确实是件很难学到的知识。你可能会非常纳闷，甚至怀疑我所说的这类知识难求的看法。但事实就是如此，因为社会上愿意将人生的智慧传授给年轻朋友的人，已经越来越少了。所有的人、所有的机构都认为传授这些知识不是自己的责任，连学校的老师或教授也是如此。在现在的教育时尚下，学校除了教会你语言和算数方面的基本知识，再就是教一些只有在某一学科门类中的少数人才能懂的知识。除此之外，你可能很难再学到更多的东西。导致这种状况的原因，是因为他们对这类知识都非常漠视，认为这些东西都是不能摆在台面上来的庸俗的知识。在这种教育时尚的引导下，做父母的也只得不由自主地去迎合，否则，他培养出来的孩子就有可能被视为另类。当然，父母不去做可能也有另外的原因，比如，有的父母或许认为自己没有能力去教；还有的父母可能是因为教不动，太忙了，而没有时间去注意这一点；还有的就是对此抱着一种无所谓的态度，毫不关心，所以就不想教了。有些年轻人认为讲究处世之道是卑劣的行径，温文尔雅只不过是掩饰自身的缺点和不足。从这一错误的认识出发，年轻人不修边幅，言行粗鲁无礼。然而头脑清醒的人会结合实际的社会经验，加以思考，与人交谈时举止优雅，曲意逢迎，占据上风，赢得别人的好感。在美德和恶习、理智和愚蠢、强大和懦弱的外表下，只有那些有一定社会经验和敏锐洞察力的人才能识别。

同样一件事，不同的人会采取不同的方法，结果也就不同。社会经验丰富的人懂得基本的社交礼仪，会察言观色，将所有人进行分类，研究每个人的性格，深谙他人心理，知道在什么时候什么场合，采取什么样的方式，处处为人考虑，加上他本身令人羡慕的才华和迷人的品质，所以很容易就融入那个氛围里，赢得说话的主动权，受到大家的欢迎，自然就被上流社会所接受。而缺少社会经验的人，与人交往的时候常常说错话做错事，与周围的优秀人物相比，这种人显得无关紧要，没有立场，显得很丢脸，也就有失身份。而人们之所以在这种场合找他，也主要是为了娱乐，这对他来说其实并不是什么好事，也不是真正地夸赞他，反过来可能是在取笑他、贬损他。至少只在“娱乐性”方面有优势的人，是不会被他人委以重任，也不会受到人们发自内心的尊重。

从书本上获取知识固然很重要，可是对社会的认识，我们只能从他人身上学习。表面上每个人都是一样的，但是每个人的学识、修养、性格、社会背景、出身地位是不同的，没有两个人一模一样，这只有通过仔细观察才会发现。如果不通过观察，始终认为人与人之间没有什么差别，那他就永远不会融入到这个社会中。

想说的事情太多了，无法一一详细说明，希望你能找一本关于“社交礼仪”的书来仔细阅读，学习如何待人接物。同时与不同的社交圈往来，这些都有利于你掌握这门学问。记住，千万不要拘泥于一两个社交圈。

第87封信　区别友谊，警惕交友

真正的朋友不把友谊挂在口头上，他们并不为了友谊而相互要求一点什么，而是彼此为对方做一切办得到的事。

——别林斯基

亲爱的孩子：

20多岁的年轻人即将踏入社会，渴望结交朋友获得友谊，所以做什么事情都不会有功利性，对人毫无戒心彼此坦率。只要他说是你的朋友，你便会为他轻易地付出极大的信任，因此往往被不怀好意的人利用或是欺骗，给你带来极大的伤害，甚至是毁灭性的打击。今天我要提醒你：警惕交友，区别什么是真正的友谊。

友谊分两种；虚有其表和真正的友谊。首先第一种，你们可能是偶然认识的，刚开始时友情来得很快很热烈，便一起吃吃喝喝纵情挥霍，但是很快就冷淡下来了。这是由于虚荣心和自恋在作祟，你相信第一印象或是短暂接触的人马上变成你的朋友。其实，这种醉酒和放纵与其说是友谊，不如说是对良好道德规范和良好道德举止的冒犯。大家彼此借钱，聊天时口无遮拦，甚至交换彼此的隐私，可是一旦决裂，彼此就不再挂念，然后拿出别人的隐私当作取乐的笑料。这也对你造成了潜在的危险，很大程度上，其他人也会从你这个虚有其表的朋友那里，来判断你的为人，人们通常也会这样认为，结交流氓或傻瓜的人肯定也干了不少坏事，这种人实在是太多了，你可以讨厌他们的言行，但是不能公开对他们的厌恶，因为这如果被他们知道或是激起民愤，后果也会很糟糕。

其次是真正的友谊。真正的友谊需要慢慢培养，经过长时间的相互了解和彼此欣赏，才能收获友谊之花。那么选择什么样的朋友呢？结交上流社交圈，这是我原来就提到的，那些身居要职，衣食无忧，品质优秀，做出突出贡献的人，他们各方面都优于你，如此才能使你有所提高。而社交圈里的有些人，为了显示自己的骄傲，而拿你的缺点和错误当作优点来恭维，结交这样的人也是很愚蠢有害的。

那么怎样与上流人士结交呢？我要说的是，每个人都有这样的能力。首先你要有优秀的品质，良好的教养，优雅的谈吐和渊博的知识，只有具备这些素质才会为你增加魅力，让你闪闪发光，深得他人喜爱，博得众人的好感。如果没有这些素质，只是一个书呆子的话，就不会受到社交圈里的人欢迎。

我希望你能一如既往的保持你的自尊心。以使认识你的人也继续对你抱着尊敬之意。看来“自尊”恐怕是这个世上最贵重的宝物了。受人尊敬，就表示你的道德情操、价值观被给予了崇高的评价。小偷、妓女、酒精中毒者和吸毒者，他们的行为只是为了金钱，或是只为了找乐，他们为此而虐待自己或他人，或毁灭人，因而是很难受人尊敬的。可是，即使把这类极端的例子排除掉，想要有意义地度过自己年轻的青春时代，并使自己继续维持自尊心，以及受到他人的尊敬，仍需要特别的注意。每个人都想拥有能够接受自己想法的朋友。可是在青年时期，由于个性的贫乏、缺乏魅力，或是在某种运动和艺术方面能力上的缺乏，而无法让“大伙”接受，这种不幸是这个时期的年轻人时常感到困惑的。这种人的问题是，他们缺乏与普通人的互相吸引，或是缺乏让他人想要与你做朋友的特质。他们有时一心想要获得友情，并且想要加入“大伙”，时常会不知所措地做出一些企图让人喜欢的行为举止，比如饮酒过量，沉迷于麻醉药之中。当他们早上醒来时，却感到浑身不自在，才意识到自己丧失了自尊心。虽然我也意识到，对现代年轻人来讲，周围的环境与过去相比有很大变化，但是青春是现在和以前都无法变化的，它是一生中最富有波澜、最具挑战的时期，这一点是无可置疑的。为了减少这一时期的成长风险，遵从以哲学家而闻名的罗马皇帝马克斯·奥勒留斯的训诫应该是聪明的做法，他说："被你毁了的约定，或做了丧失自尊心的事，不能期望为你带来利益。" 当朋友正遭遇危险的时候，如果不努力帮助的话，你的自尊心与良心定会受到伤害吧。这种场合正是证明你无论在欢乐或痛苦时，都可以作为朋友的时候。人因为帮助正在受困的人，能使自己的人格受到磨炼。可是，在这里有一个忠告：在使自己的朋友摆脱尴尬境地后，还应注意他在事后是否有无反省的诚意。若是他有错误却仍不思改进，不管周围的人如何努力，就像在尼亚加拉瀑布尝试筑堤去堵倾泻而下的瀑布一般。你有必要从你朋友今后的行为上，去判断他是不是一个值得你付出友情并为之奋不顾身的人。也有人不值得你这样做。我要在这里再强调一次，避免无谓麻烦的最佳方法是在选择朋友时一定要注意他的人品。

关于自尊心和伤害自尊心，破坏它或者是严重打击它等各式各样的行为，无论如何是说不完的。重要的是，要尊重自尊心的价值。自尊心就像我们所呼吸的空气一般，它是我们的幸福不可或缺的元素。活着而没有自尊心，几乎不能说是活着。

第88封信　洁身自好，抵制恶意

居不必无恶邪，会不必无恶友，惟善自持者两得之。

——李惺

亲爱的孩子：

当收到你的信时，你大概已经结束了在威尼斯的狂欢了吧？我希望你能够集中注意力，重新埋头于功课和社交。我现在对你怀有一种前所未有的焦虑。你要知道，每当你处于困境的时候，我都免不了为你担心，而你现在在都灵的状况就让我感到十分忧虑。幸好哈特先生能在你身边，尽其所能地帮助你，这些让我略感欣慰。

我听说都灵的职业学校里有不少名声不好的英国人来求学，为此，我担心你好不容易建立起来的好习惯，会受到他们的影响。我不清楚他们到底是什么人，不过听说这些年轻人经常厮混在一起，逞凶斗殴、行为恶劣、毫不讲理，并时时流露出心胸的狭窄。他们可能会诱惑你加入他们一伙，要是你不能断然拒绝，他们肯定会给你施加压力，甚至会对你耍什么阴谋诡计。这种方法对没有经验的年轻人来说多半很有效，而像你这样的年轻人遇到这种情况往往又是不知所措，最终被迫投降。每每想到这里，我就会感到十分担心。我衷心地希望你一定要洁身自好，运用理智承受住巨大压力和不良诱惑，避免自己卷入是是非非当中，全身心投入到学业里。

那些英国人的恶习低俗不堪。他们因为生活放荡而声名狼藉，糟蹋自己的身体，也破坏自己的品性。他们在餐桌上毫无节制地喝酒，喝醉后丑态百出，粗暴地砸窗户，甚至弄到自己骨头。赌博对于别人来说的娱乐，到了他们那里简直就是没有节制的恶习。他们在国外劣迹斑斑，回国后仍然我行我素，缺乏教养。他们经常在大街上、公园里闲逛，从来不会跟上流社交圈的人有什么交流。正因为这样，也就没有谁会去欣赏他们。

我敢肯定，你从他们身上什么也学不到，所以我不希望你和这些人有什么来往，更别说交上朋友。在我看来，他们就像是强盗、罪犯、专干卑劣的勾当，是与整个社会道德相违背的。

一般的年轻人，对于他人所托之事，往往羞于拒绝，因为年轻人喜欢在社交圈里受到喜爱和追捧。在他们看来，拒绝会使对方不高兴，也会有失自己的身份，往往会使友谊变得尴尬和不和谐。有这种感觉当然不是坏事，希望与对方融洽相处，取悦他人也不能说完全错误。如果，在上流社交圈里得到别人的推崇，当然对你十分有利，如果对方是坏人，受到这样的人牵制，简直就是给自己制造麻烦。我希望你十全十美，没有任何缺点，所以我希望你不要模仿别人的错误，导致自己染上更多的恶习，那将是不可原谅的。

淡如水的友情才是真正的友情。你在都灵遇到过许多形形色色的人，要是单纯的以为可以和他们结交朋友，那你就大错特错了。真正的友谊不会轻易获得，它需要长期培养，彼此相知相解，这样友谊之花才会开放。其余的都是泛泛之交。生活中大量存在的，就是你们这些年轻人之间的名义上的友谊。虽然这样的友谊短时间会熠熠发光，但是用不了多久就会冷淡下来。或是由于偶遇，或是因为趣味相投，或是在一起干了一件坏事，你认为这样的友谊能长久吗？这样的朋友是真正的朋友吗？我不会喋喋不休地跟你说这些，我只是以朋友的身份，借一个阅历丰富的人之口，向你发出忠告。我希望你凭借自己敏锐的判断力，抵制年轻人的诱惑，不要听他们的教唆，当他们试图拉你下水的时候，希望你坚决拒绝，避免与他们发生争执。你现在还太年轻，没有办法组织他们，更别想改变谁，你只要巧妙应付，就能让对方信服。

那些不慎结交道德不良的朋友的人，总是痛苦不堪。不可否认的，当你遇到愚钝的人时，也想自觉回避。但是注意，对这些人千万不要太冷淡，否则不知不觉的你就会树立一个敌人，使对方产生敌意也是得不偿失的。换成是我，我就会保持中立的态度，这才是明智之举。憎恶对方的恶性，并不一定要敌视对方，否则事情结果将难以预料。

我并不是说所有的英国同胞都是坏人，英国绅士有良好的举止和优秀的品质，我希望你和斯蒂文森这样的朋友多学习，并继续交往下去。今后你还会遇到一些天赋极高或是有身份、有地位的人，跟他们建立友谊对你今后的发展将是十分有利的。

第89封信　友善待人，博得好感

你们以诚实获得了悠久和崇高的声誉，当然你们是以此自豪的——那是你们的宝中之宝，简直是你们的心肝宝贝。

——马克·吐温

亲爱的孩子：

我坦诚，博取别人好感是一门必要的艺术，但是，要想掌握它，的确不容易。为此，我整整花了53年的时间才掌握它。迄今为止，我还是没办法把这门艺术以简简单单的规则呈现出来。也许，以你的观察力和判断力，可以认识和掌握它。

博取别人好感的最好的办法——你想别人怎么对待你，你就要怎么对待别人。这一点，我是很清楚的。比如，如果别人对你随和、友善，关注你的生活品味、优点，喜欢你的幽默，让你感觉很好。那么，你也要用同样的方式去对待他们。尤其在社交场合，你要依据不同的人、不同的事物，灵活变化你的交往方式、技巧、情绪等，切莫表现出一副施舍的样子。这是一种为人处世的态度，不仅适用于一个人，而且适用于一个群体。

俗话说：国有国法，家有家规。任何社交圈都有属于自己的原则、特定的特征、习惯，这是一个特定的环境。有些东西在这个社交圈备受欢迎，不一定在另一个社交圈行得通。也只有在这个环境中，一句话或者一个手势才有其特定的意义。生活中，人们往往犯这样的错误：在某一特定的环境中，他们把自己所喜欢遵循的原则，不假思索地移植到另外一个环境中去，不容置疑，由于环境的改变，这些原则肯定会显得苍白无力，甚或无形之中冒犯别人。

不管做什么事情，一定要谨慎避免以自我为中心，千万不要拿自己所感兴趣的话题，或以自己的感情倾向来博取别人的好感。因为你所喜欢的东西，并不代表别人也喜欢，甚至别人非常反感。打个比方说，你无意中听到一个感兴趣的故事，并且很想把它插入当前的谈话中，但是别人会觉得没有新鲜感或好玩。如果你叙述的这个故事不符合话题，又冗长，他们肯定会表现出不耐烦，甚至打断你的话或者当场离开。

最好不要执意与人们高声争论，尽管你觉得自己的观点是正确的。你需要冷静、谦虚，用简洁扼要的语句来说出你的意思。这样，也许会令你的观点得到人们的理解。如果还有人争论不休，你可以尝试委婉地另觅一个话题，以打破这种尴尬的氛围。

不要在众人面前炫耀或引话题聚焦你身上的优点，不管你有什么样的优点。我们知道，群众的眼睛是雪亮的。如果你身上确实拥有这些优点，人们自然会发现的，不需要你自己“自卖自夸”。难道人们来发现你的优点不比你自己炫耀更有用吗?

每个人身上都有闪光点和不足之处，如果你想获得某些人对你的特别关注和友谊，你就需要去认真看待这些，并且对其中的一些方面保持客观公正。不过，有时候一些人可能同时在很多方面上表现优异，并且知道自己的优点，但他们依然想听到别人的公正评价和褒扬；对自己渴望具备却不确定的优点，他们会对别人的恭维而分外开心。其实，通过观察一个人喜欢交谈的话题，你就会看出他的虚荣心表现在哪方面上。同样的，对某个人过分关注，在某种程度上，还会影响他的自尊和自恋，尤其是对自己的认识和问题的思考方式，因为这是人性中不可或缺的一部分。所以，对一个人的关注，在细节方面往往比许多大事更能使他认识到自己在别人心目中占有重要的位置，结果也更加容易地博取他的好感。

孩子，你即将步入社会，在这个大课堂上，如何获得更多的东西，完全由你自己的努力。以上这些经验，是我多年来亲身总结的，在这儿，我一一说给你听，希望你好好消化。

第90封信　欣赏他人，赢得人心

> 人心只能赢得，不能靠人馈赠。
>
> ——威廉巴特勒·叶芝

亲爱的孩子：

我一遍遍地提醒你牢记我的建议，就是想你能重视它。无论你做什么，这些建议都会对你有所帮助，特别是培养你良好的品性和赢得人们的好感。众所周知，人们对事物的理解和判断往往会受情感因素的影响。这也是为什么要赢得人们好感的原因。

一个人，要想赢得人们对他的好感，仅凭借美德是远远不够的，还应拥有某种特殊的品质。因为美德只能帮助他赢得普遍的尊敬，但赢不来某种特殊的爱意——人心。比如，待人真诚、懂礼貌；热心地帮助和关怀他人等等。这一切将会让人们愿意理解你、接纳你或增强你与他们的感情。

生活中，你也许会有这样的感受：如果你和一个陌生的人认识，他给你的第一印象是衣着不整，没风度，说话有点口吃，嗓音低，还喜欢引用一些陈词滥调……尽管在接触中，你发现他身上还有一些优点，但你也不会喜欢他。反之，如果一个人态度温和，神情愉悦，言谈个性，穿着得体，举止优雅，你看到他第一眼时，心里自然感到舒服并且你还想从他身上寻找更多的吸引点。若是没找到，你些许会感到失落。但是，这些吸引点所组合形成的气质就是构成人们愉悦的不可或缺的部分。每一个都在体验这种愉悦的感受，却没有一个人能把它完整地描述出来。与此同时，如果这样的事情同样出现在别人身上，结果亦是如此。

在与人交往的时候，我还要着重提醒你一下：最好不要放声大笑，尽管我真心地希望你脸上保持微笑。因为我认为，在大众场合放声大笑是一种低俗和不礼貌的行为。而理智和聪明的人是绝不会这么做的，他们往往把快乐放在心底，把微笑挂在脸上。纵使对一些极其滑稽可笑的小丑，或突发事情，他们也只是一笑而过。事实上，放声大笑往往与高兴的事情相联系，人们也并不觉得它有什么不雅。不过，这种行为一旦形成一种习惯，就会对赢得他人的好感造成障碍。此外，还有一些因掩饰羞怯而慢慢演变成的一种粗俗和笨拙的习惯，比如，交谈中有的人不自觉地大声地清嗓子、挠头或跷起二郎腿等等。

孩子，我必须要告诉你，赢得他人的好感才是最重要的。如果你想赢得这笔朋友财富以及在这个世界上出人头地，你必须要学会这门艺术。因为你的美德和礼貌才能让你成为你想成为的人物，给你带来荣誉，以及更多的财富，而你的高贵血统和财富却不能给你这样的帮助。如果你能听取我的这些忠告，必将对你大有裨益，你还需要努力争取……

第91封信　取悦女性，绅士必修

美丽的女性实际上是诗人，她能驯服野蛮的同类，在她周围的人们心里播下温情、希望和雄辩的种子。

——爱默生

亲爱的孩子：

不管在法国、英国还是德国，你的社交圈里是不是有很多女性呢？虽然人数不是很多，但是往往受到社交圈里的人们的欢迎，甚至对整个社交圈起到很重要的作用。她们对想要拥有名望和财富的男人来说至关重要，有助于这样的男人跻身上流社会，形成自已的个性。因此，取悦女性相当有必要。我希望你能掌握一些这方面的技巧，并运用的不露痕迹。

女人是感情的动物，一个微小的笑话或是一段动听的话语，就能让她们改变原来的决定，对已有的想法摇摆不定。虽然女性在谈天说地时显得比男人聪明智慧，在她们头脑清醒、最理智的几年里往往成功的几率也很高。但是我到现在为止，都没有见过一个完全理智、有判断力的女性，更别说一天到晚都能凭借理智处理遇到的所有问题了。女人就像孩子一样，随着年龄的增长，容貌日渐憔悴，年轻貌美也会变成黯淡失色，于是来自四面八方的人们开始对她们品头论足，说三道四，再加上智力退步，情感很容易在多方刺激下失控，做出让人不可思议的事情来。

聪明的男人经常会跟女性讲些幽默，或是说上一堆恭维奉迎的话，仅限于陪她们开开玩笑，消遣娱乐而已。一旦有什么重大问题，根本不会找女人讨论，更别说接受女人的意见观点什么的。聪明的男人很会做表面上的功夫，他们让女人感到自己很受重视，值得男人信赖，并假装认真跟女人交谈，似乎愿意跟女人商讨大事，以至于女人佩服得男人五体投地。事实上，这都是假象，男人还是按男人的想法来决定问题，只有愚蠢的男人才会真的那样做。

谁都愿意听到别人恭维奉承自己，即使是那些言不由衷的赞美，也会让人的虚荣心得到大大的满足。对女人而言，再多恭维的话也显得不够。因此，尽管大胆去取悦她们吧，大到她们的聪明才智，出众的学识修养，哪怕是她们手里的一把扇子，都可以是你赞美的对象。女人有美有丑，这些是大家公认的，这时候你就可以赞美她们的学识如何丰富，而对于那些相貌平平的人，你又可以夸大她们的美貌，或是至少赞美她们优雅的气质。任何一个女人都认为自己是同伴中最漂亮、最出众的一个，即使长得一般，也认为自己很美，这样当你赞美她的容貌时，很久没听到这样的话的女人，马上会对你产生大大的好感，甚至感激涕零。而对于大家公认的美女，当你再怎样赞美她的美丽，她都会觉得这是理所当然的事，反而希望听到有人说她们见多识广，希望自己的学识引起更多人的关注。你要学会夸奖的技巧，千万不要有什么不自然，否则就会弄巧成拙，落得失败的下场。

积极主动地向女人献殷勤，是绅士的必修课。宫廷里，女人会抓住男人的弱点，并利用自己的优势对其施加压力，或是造成一定的坏影响。上流社会也是一样，每个女性都会细心观察周围的男性，掌握每个人的缺点和不足，分门别类，一旦哪天某个男人得罪了她，紧接着这个男人就会遭到众多人的鄙视。如果不小心谨慎地讨好、恭维她们，稍有不慎流露出一点点的轻蔑，就别指望会得到女人的原谅。事实上，在这一问题上，男人和女人有共同之处，周围人的任何侮辱对一个人来说都是永远不可原谅的。

不是每个人都像你一样积极进取，文雅懂礼，充满活力，对每个人都一样的热情。有些人宁愿自己的罪行昭告天下，也不愿意将自己的弱点和不足被拿来当话题。每个男人都有自尊，敏感的人哪怕是感受到一点点的轻视，就会怀恨在心，一辈子都不想原谅对方。所以不管你身处何地，不管你多么看不上对方，认为某个人多么可耻下流，都不要流露出蔑视的态度，否则敌人会越来越多。大多数年轻人喜欢揭露别人的短处，以此显示自己的英明和学识，处处优于别人。你可千万不要向这样的人学习，真的这么做了，只是满足一时的虚荣，却为自己人生路上树立了一个永久的敌人。也千万不要被这样的人拉下水，那只会让你时时感到愧疚和不安。做一个心地善良，为人厚道的人吧，多看看别人的优点，少揭露别人的不足，尽量取悦他人，不要处处伤害别人，把自己的行为和情感控制在一定范围内，不要越界。

这都是我多年人生经验的总结，如果你认真采纳，一定会有一个光明的未来，你的人生也会非常有意义。

第92封信　与人交往，有章可循

> 居处恭，执事敬，与人忠。
>
> ——孔子

亲爱的孩子：

关于与人相处的哲学，此前，我给你浅显地说过一些，不知道你留意了没有。现在，我抽出一些时间，给你系统地谈谈。这也是我的切身经验，相信能对你的人际交往大有裨益。

以下是我总结的几条交往经验：

1. 善于找话题，多说话，但要把握好时间

有人说："交谈中要学人没话找话的本领。""找话"即"找话题"。选择合适的话题，能使交谈畅通自如。这就像小学生写作文一样，有了好主题，往往就能文思泉涌，一气呵成。好话题是初步交谈的媒介，深入细谈的基础，纵情畅谈的开端。不过，交谈中一定要把握好度。比如说至少有一方愿意接受，能谈；彼此感兴趣，爱谈；有深入探讨余地，好谈；每次交谈不宜过长，否则，可能会让人们感到疲惫，甚或厌烦。

2. 说话简洁扼要，少说俗不可耐的话

交谈中，尽量用平实的语言，表达核心的意思，让人们听得明白。如果在无关紧要的细节上“死磕”，又偏离主题，这样不仅会浪费时间，让人感到厌烦，还会让人觉得你说话水平差劲。不容置疑，没有人会喜欢和一个表达纠结的人交谈，尤其是说那些俗不可耐的话。

3. 不要突然打断或插嘴别人的话题，更不要另起一个话题

在他人讲话的过程中，突然打断或不经允许而插嘴是一种不尊重的行为。尤其初次与陌生人的交谈，绝对不允许打断或插话。这种做法不仅干扰了对方的思绪，破坏了交谈的效果，而且会给人以自以为是、喧宾夺主之感。如果你确实想表达自己的见解，或需要你来发表、进行补充时，也应让对方把话讲完，或者对方点头后，不失时机地说出来，最好不要另起一个话题。

4. 不要抬杠，避免与人发生激烈争论

如果一场轻松平和的交谈因一时友善的热情或冲动而不幸演变成激烈的争论，你会怎么做呢？身处此环境中，最好不要与人发生激烈的争论。否则，总是以自我为中心，强词夺理，非要争个面红耳赤，大伤和气，难道这不是有伤大雅，更是违背交谈主旨的吗？

5. 灵活互动，不要冷场

俗话说：“一个巴掌拍不响。”交谈中，一方在说，一方在听。如果前者一直说个不停，后者从头到尾保持沉默，一言不发，你说这种交谈有意义吗？可想而知，交谈变冷场指“时”可待。其实，不论交谈的主题是否是自己所感兴趣的都应该抱有热情，积极互动，不妨点头或“嗯”声表示自己在认真倾听。必要时，对方需要理解、支持，你要毫不犹豫地及时呼应。当然，如果交谈中因故冷场，一定要想方设法“救场”，而不要“静观其变”。比如你主动转移话题……

6. **不要刻意模仿他人**

人与人之间的关系是纷繁复杂的，在社交中不可避免地会受到各种各样的影响。正所谓“近朱者赤，近墨者黑。”如果为了插科打诨而热衷于模仿别人，这不免刻意了。对被模仿的人来说，这是一种不尊重的行为，实在不可原谅。

7. **不要散布谣言，也不要听信谣言**

有一位诗人说：“你若正直，不要怕人诽谤。”“卑劣的人比不上别人的品德，便会对那人竭力诽谤。嫉妒的小人背后诽谤别人的优点，来到那人面前，又会哑口无言。”诽谤他人只是满足一时虚荣和嫉妒之心，听信诽谤只会百害无利。所以，不要轻易诽谤他人，也不要轻信他人的诽谤。

8. **善于变换说话方式**

在不同的社交场合，面对不同的人，相信你不会只有一种说话方式！这是一种必要的礼节。如果你不知道因人而异，变化交谈的方式，你只会“搬起石头砸自己的脚”。这不是道德的问题，而是态度的问题！

在结束这封信之时，我还要提醒你，在学习这些经验的同时，务必注重培养自己的内在品质，否则，效果必将糟糕。

第93封信　团体交际，各有特色

> 一个人必须知道该说什么，一个人必须知道什么时候说，一个人必须知道对谁说，一个人必须知道怎么说。
>
> ——彼得·德鲁克

亲爱的孩子：

你应该以自己的魅力吸引别人的注意，以更加响亮的声音加入某一团队，成为这个社交圈的一员。每一个团体都有自己的特殊背景，特殊的成长土壤，自己说话的语言和措辞方法，独特的机智、幽默和笑话。每个团体就像每个人一样，各有特色。如果你把一个笑话或幽默从这里拿到其他的团队里，这样只会让大家感到不合适，甚至很尴尬，或者再严重一点，别人根本听不懂就会质问你，到底有什么好笑的？除了笑话，在一个地方听到的事情千万不要到别处乱说，即使是一件极小的事情也不应该到处宣扬，因为事情一旦传播开来，一传十、十传百往往会变质，不必要的麻烦也会随之而来。这样到处乱讲话的人没有遵守团体交往的规则，必将成为众矢之的，在哪里都不会受欢迎的。也别期望每个团体都一样，那样的话生活就会变得很枯燥，索然无味。那么如何在团体交往中成功？我现在就把我的成功经验传授给你。

首先，不做“好好先生”

什么是“好好先生”？只要你仔细观察就会发现，有一种人往往存在于每个团体中。表面上看，“好好先生”似乎非常受欢迎，颇有人缘，但实际上这种人骨子里缺乏主见，没有什么魅力，意志力薄弱，没有什么优点。对于伙伴们提出的建议或是决定的事情，他们既不会反对也不会提出更好的意见，而是举双手赞成，然后再夸上几句。即使他觉得有些事很愚蠢，也不会反对。

我不希望你以“好好先生”的身份加入团体。你应该有礼貌，懂幽默，有品位，以自己的意志力和想法来吸引这个团体中的其他成员。不过要注意一点，在表现自我的同时，千万要把握好度，使自己高雅持重不失品味，不要高高在上指责他人。

作为团体中的一员，应该和蔼可亲，对任何人都要宽容而不是纵容。比如，对于别人的缺点错误要加以宽容，对于别人的错误行为以宽容的心对待。说客套话是拉近彼此距离，增强联系的手段，有些场合是必需的，但是应该注意，千万不要被别人的话冲昏头脑，要随时保持头脑清醒，不能迷失自我。

其次，训练你的口才

每一个团队都有几个具备影响力的人物，团队成员的措辞、服装、兴趣爱好、教养都受到这类人的影响。无论是男性还是女性，肯定具有相当的美貌和智慧。但是真正成为团队焦点的人绝对不是他们。在一个团队中，智慧、礼节、趣味、服装固然重要，但是拥有绝佳的谈话技巧的人，总会散发出迷人的魅力，真正受到大家欢迎。

最后，不要与团队中的所有人为敌

我知道你心里面对男人和女人的评价是怎样的，虽然你口头上不说，但是我知道你对女人的赞同不多。你似乎认为自夏娃以来，女人就干了不少坏事，但是你以后就会了解，世界上男人干得坏事远比女人要多。无论男女都有好坏之分，只是因为受了不同的教育，具有不同的礼仪，都是情感和理智的集合体。随意批评团体中的任何人都是非常轻率的，都是有失公允的。如果攻击整个团体，与所有人为敌，那么你才是这个团体真正的敌人。

你也不能去攻击某一职业的人。比如，很多年轻人认为指责牧师是一种高雅机智的行为，其实这极不正确。因为牧师和普通人没有什么区别，他们本质的好坏，并不能从身上的那件黑色外套表现出来。

对于整个国家和社会我们不能擅自评论，那些个人的反思看起来都是些平庸陈腐的笑话。只有缺乏才智又想显露智慧的人才会干出这样的事来。

记住这一点，我的孩子，一个人的性别、职业、头衔并不能代表什么，要真正地了解一个人，必须通过你自己的观察力和判断力加以仔细分析。

第94封信　尊重他人，专心致志

不尊重别人的人，别人也不会尊重他。

——席勒

亲爱的孩子：

你知道的，我从不会答应给你请一个专职佣人！但是，我发现查尔斯威廉先生每次在谈到你的时候，总是激动不已，口口褒扬之词……对此，我怀疑他俨然成了你的专职佣人。假如这个世界上有人卖煽情药的话，我想你一定买给他喝了不少。他的那些话，在这儿，我就不重复了，以免你听后洋洋得意。不过，你可以想象得到，我少不了要问他很多问题，尤其对你现在的学识和品性，查尔斯威廉先生全部如实地做了评价，我很满意。至于别的问题，看似无足轻重，但对每个人，特别是对于你仍然有重要的意义，那就是言谈举止。在这方面的表现上，他出于对你和对我的友谊，告诉我说，你在与别人交往中，不注重自己的仪表，时常心不在焉；吃饭时，老是玩弄餐具掉到地板上……种种这些坏习惯实在令人讨厌，尤其对年轻人而言。听到这些负责任的评价，我实在有些不满意，因为在我眼中，这些细节问题非常重要，我也不止一次为你的过于不拘小节担忧。所以，我也负责任地告诉你，希望你能认识到这点并采取具体的措施加以纠正。

在与人的交往过程中，没有什么比心不在焉更令人反感了。因为这是一种很不尊重人的行为。自然而然，别人也不会尊重他！心不在焉的人往往在别人还没有说话之前，就已经流露出轻视的神态，更不用说他会关注他人的品性、言谈举止了。从我的立场来说，我根本不会和这类人打交道。我宁愿和一个死人交朋友，也不愿和心不在焉的人为伴。尽管死人不会给我带来任何欢乐，但至少他不会向我流露出不屑的神态。事实上，与一个心不在焉的人交谈，简直就像在对牛弹琴一样，因为他不会倾听，更不会理解我们。我敢断言，一个三心二意的人是决然不会专注于当前目标，并且向着目标前进，获得成功。此外，他也不适合与之交往。

你知道，我是不会放心的，在没有看到你的任何改进之前。长话短说，如果下次见面的时候，你依然表现得心不在焉，我会立刻离开，以免忍不住当场对你发火。因此，我希望你穿着讲究，谈吐优雅，待人接物从容、温雅，举手投足之间流露出绅士的风度……对于我的这些期盼，只要稍加留意和用心去做，就一定能做到。如果我在你身上发现不了它们，那么，以后我们就不会多谈了。因为邋遢、心不在焉等实在令我讨厌，我可不想因它们而损害了我的健康！而且，在平时生活中，没有人不讨厌邋遢、心不在焉的人，纵使他们学识渊博，身上可能有许多优点。

我像你这个年龄的时候，在生活的各个方面，我总是想方设法表现得不同凡响。比如，在老师的指导下，我学习十分认真；参加聚会的时候，我特别注重自己的穿着、言谈，等等。

看起来，这是一些小事，但是对于即将踏入社会的年轻人来说意义非重大。年轻人就应该在各个方面上表现得“过分一点”，而一个心不在焉、邋遢、令人感到讨厌的人是绝对不会有什么成就的。

你在来信中说，收到了那对钻石扣环，我很开心。我的要求极其简单，就是它们缀饰你的鞋子，你的长袜子不会遮盖它们。如果有人说你是一个花花公子哥，我会感到十分难受。但是，我宁愿培养出一个花花公子哥，也不愿你成为一个心不在焉、邋遢的年轻人。你知道，为了使你接受最好的教育，自始至终，我从不吝惜花钱。我就是要让你成为学术界、上流社会的一个体魄气质俱佳的人。毫不犹豫地说，你正在接近它，并且做得越来越好了。

第95封信　控制情绪，学会掩饰

成功的秘诀就在于懂得怎样控制痛苦与快乐这股力量，而不为这股力量所反制。如果你能做到这点，就能掌握住自己的人生，反之，你的人生就无法掌握。

——安东尼·罗宾斯

亲爱的孩子：

人际关系的好坏，往往取决于沟通双方的态度。因为人际关系既是相互吸引的，也是相互排斥的。与人交往的关键就是控制好自己的情绪，保持头脑的冷静，喜怒不形于色，这样对方就不会从我们的言语、动作、甚至是面部细微的变化上窥探我们内心的真实想法。无论在生活中还是在工作中，我们都要向那些表面冷静，实则才华横溢的人学习。有些人完全没有办法控制自己的情绪，不高兴时横眉立目；高兴时喜形于色。你可能会怀疑能不能控制情绪跟个人体质有关，我也承认这一点。可我更愿意相信，人们往往为自己失控的情绪找借口。这样常常反思自己的对错，从别人的立场出发，我相信事情就会朝着好的方向发展，时间久了变成习惯，理智自然就会控制身体，而不是让身体来控制理智。

如果有一件事情，实在让你无法忍受，爆发的情绪失去控制，那就默默地、努力在心里控制它，在激动情绪暂时没法消除的时候，闭上嘴，保持面部自然，神色平和，养成冷静处世的习惯。

冷静不等于冷淡，外表冷静内心热情才是交友的原则。如果一开始表现出不友好或是态度冷淡，对方也会以相同的态度来回应你。一个人是否热情，决定了周围的人是否喜欢他，接受他。热情是一个品质优秀的人必须具备的素质，影响一个人生活的方方面面，这个人表现的热情或是冷漠，决定了他社交范围的大小。看看你的周围，是不是那些备受欢迎，人缘极好的人，都是对生活和工作保持热情态度的人？

热情是一笔珍贵的财产，相对于金钱、权利、知识来说是无形的财富。湿柴不能起火，心灰意冷的人也燃不起激情，只有保持对事物的一贯热衷，才能解决一切困难。热情的人以积极乐观的情绪感染周围的人，也带给周围良好的环境。热情还能给自己带来好运气，因为人们都喜欢热情的人，对他们更容易接受，更加宽容。热情的人给人的感觉如沐春光，将自己阳光热情传递给每个人，感染周围的一切，让整个世界都看起来充满活力，充满希望。关键时刻，热情还可以成为顺利沟通的砝码，化解人与人之间的误会，消除人与人之间的隔阂，热情不仅能增加你的良好形象，还能让你体会到人生的美好。看看你身边那些热情的人吧，性格开朗、笑口常开、乐于助人，你是不是愿意和这样的人交朋友呢？你又是不是大家眼里热情的人呢？

也许我说的这些，既要控制情绪保持冷静又要保持热情，说说容易，做起来是很难，但是绝非不能实现。聪明的人会尝试不可能实现的事，从不会在困难面前低头，只有坚持不懈，最后必定获得胜利。追求理想的路上，什么样的困难都会出现，磕磕绊绊在所难免，跌倒了站起来，鼓足干劲勇往直前。如果一条路行不通，尝试走其他的路，再走不通，再继续找，反反复复坚持不懈，最终都会走向胜利的终点。有的人喜欢说教，有的人喜欢吹捧，有的人喜欢嘲笑别人满足自己的虚荣心，但是无论面对谁，只要你技巧得当，什么人你都不畏惧。

要控制好自己的情绪和脸色，首先要对自己有个正确的评价。人的本性大致相似，虽然气质不同，但是外在的表现大同小异。你讨厌的可能别人也讨厌，你喜欢的可能别人也喜欢，你满意的可能别人也感到满意……通过对自己的评判，可以推己及人，对人类有更加深刻的认识。当别人在学识、地位、财富上贬低你的时候，让你备受伤害，但是你会同样去贬低不如你的人吗？当别人讥笑嘲讽你的时候，你也会嘲讽别人吗？当然这样以眼还眼、以牙还牙的做法是极不理智的。与人交往的时候，跟朋友闹翻是很愚蠢的，跟朋友结怨也是不明智的。假如有这样的事情发生在你身上，你应该采取我给你的建议：不要把别人的嘲笑当作是针对你，装装糊涂，不管内心多么愤怒，多么委屈，都假装看不到，控制住情绪，如果实在无法忍受，自嘲不失为一种明智的做法。承认自己在某些方面存在不足或失误，不要真的把自己当作受害人，最终你会成为胜利者。

千里之堤毁于一旦，一时的冲动往往会毁掉长久建立起来的友谊。当一些事情发生在别人身上的时候，我们往往能理智地提醒别人“消消气”、“没有什么大不了的”，但是换做自己的时候，就失去了理智。理智对一个人很重要，是一种自我控制情绪，它就像是一个无形的框架，只有自己才能掌控。没有理智的人，容易被一时的冲动左右情绪，伤人伤己；有理智的人，能很好地与人相处。

失去理智是瞬间的事情，所以日常生活中要学会掩饰，甚至有时候允许自己稍稍伪装，这不仅对你大有裨益，而且也不会伤及他人。

第96封信　分清敌友，赢得竞争

根本不必回头去看咒骂你的人是谁？如果有一条疯狗咬你一口，难道你也要趴下去反咬它一口吗？

——佚名

亲爱的孩子：

是敌是友，永远没有一个明确的界限。对于年轻人来说，竞争者和敌人是一样的。所以无论两者中的哪一个出现在面前，采取的态度也是一样的：冷漠，无礼。想以这样的方式来打败对方是非常幼稚的表现，在我看来一点不明智。这种方式的后果是，自己并不能如愿以偿，而且当真的发生争执的时候，往往还有第三方出来获利。世界上的事情往往不是你想象得那么简单，除了两极，中间往往还有很多细枝末节的琐事发生，谁也不能预料事情究竟会朝哪个方向发展。究竟应该以什么样的方式来对待自己讨厌的人呢？年轻人普遍有一个弱点：感情用事。做什么事都不会考虑到后果。无论在学习、工作还是生活上，都会因为一点点小事而讨厌对方。

当然，事情发生时，对立的双方都不会轻易改变自己的立场。谁会赢谁会输，都是旁人难以预料的。比如，两个情敌互相看对方时，一定会眼里冒火，流露出愤怒的表情，甚至会恶语相向，直至大打出手。在这种情况下，在场的人一定会很不高兴，尤其是女性会很生气。但是，如果其中的一个人能够很好地控制自己内心的情感，不是怒形于色，而是面露微笑，主动向另一方示好，自然应付，情况会是什么样呢？相信大家一定会觉得另一个人很讨厌，情不自禁地认为首先示好的人更加有风度，这样就使得自己不战而胜。

一般来讲，一个出色的男人，对他的竞争者会采取两种态度：要么表示极端友好，要么彻底把对方击败。

至于什么时候采取什么态度，就要视情况而定。如果对方不死心，死缠烂打，紧追不放，总是费尽心机地侮辱你，那么你就应该果断坚决地把对方彻底打败，不要让他再有蔑视你的机会；如果对方没有给你造成什么大不了的伤害，让你心里感到不舒服，只是小小的不痛快而已，就不妨表面上维持友好的态度，不失礼貌。这第二种报复对方的手段，并不是欺骗的手法，很有可能给你带来好处。如果你对某个人的价值表示肯定，欣赏他的为人，希望和他成为朋友，并有进一步的发展，那么你最好事先想清楚要采取哪种方式来交往。

在竞争中，能够压抑自己的情感，并且善于掩饰内心情绪的人，往往都是最后的胜利者。法国人喜欢用“殷勤的态度”这个词，就是要提醒那些对敌人露骨的表示恶意，心胸狭窄的人，要用一颗宽大温和的心来对待对方。在公共场所，即使你对一个失礼的人说过了很多客气的话，也不会受到责备。别人会以为你在做“和事佬儿”，打圆场，周围的人也不会讨厌你。人在这个社会上，绝不能因为个人的喜好或是嫉妒而打乱别人的生活，否则，你不但会成为别人取笑的对象，也得不到别人的同情。

亲爱的孩子，这个社会太复杂，充满了心术不正、喜爱憎恨、恶意嫉妒的人，虽然只是少数，但是他们守株待兔，随时会把一个正直的人卷入暗藏杀机的漩涡里。所以，你必须把必要的礼貌、温和的态度随时带在身上，它们能让你很好地生存下去。某些情况下，是敌是友很难划分清楚。切记：即使你心中充满憎恨，表面上仍要装出一副若无其事的样子，尽量表现出友善的态度，用微笑面对他人，以此获得胜利，这一点对你很重要。

第97封信　听父忠告，助力事业

父爱是一缕阳光，让你的心灵即使在寒冷的冬天也能感到温暖如春；父爱是一泓清泉，让你的情感即使蒙上岁月的风尘依然纯洁明净。

——佚名

亲爱的孩子：

我想这样给你写信已经很多年了吧，你是否认真读了我写的信，我说的话对你是否有用，这些信件对你来说是不是一堆废纸，这些都得看你的思维能力和判断力了。我之所以坚持这么多年，不知疲倦地给你写信，就是要让你明白一点：对于年轻的你来说，我有丰富的人生经验，我是全心全意为你着想的，没有一己私念，受益的人是你。我可以帮你走出困境，做你人生的向导。

年轻人有时候怀疑年纪大的人会嫉妒自己的青春活力。但是，无论你的消遣娱乐是什么，我都不会嫉妒你；但是当你做了有损名誉的事或是不理智的事的时候，我便会给你警告。到那时候，你才是真正的、最大的受害者。出于爱，我才对你说这些话。我希望你也心存爱意，把我当作好朋友、知心朋友。

将年龄与习惯加以协调，通过长时间地磨合，你便会得到真正的友谊。当两者之间差距太大时，友谊就会出现裂缝，慢慢地难以维持下去。你与你年龄相当的人的友谊是真诚热烈的，因为交往的双方都没有什么实际经验，所以肯定会产生一些摩擦，对双方都无益，年轻人带领年轻人就像瞎子给瞎子指路一样，稍不留神就会掉进万丈深渊。而父母对子女的爱却是怀着无限的热情，子女对父母也是满怀敬意。

唯一能指导你在人生道路上顺利前进的人，是经历过理想人生的人。请相信我，父亲才是你人生道路上的引路人。你要走的路我已经走过，而且经历的挫折，走的冤枉路比你多，所以，我会老实告诉你，哪条路才是正确的。我曾经历过很多痛苦，也曾误入歧途，假如当年有人做我人生的指路人，告诉我人生经验，我就不至于栽跟头、干蠢事、遇到那么多麻烦和不便。如果你现在没有我的指导，那么将来你就会经历我所经历的痛苦，重犯我曾经犯下的错误。到那时，我不希望你回过头来责备我没有给你提出好的建议。

我希望你心甘情愿地接受我的建议，而不是屈从于我的威严。你是个头脑聪明的孩子，能分清是非对错，有自己的判断力，我想你会按照我的建议行事。

我会根据你的现状，不断给你建议的。你在人品修养上一定会取得巨大的成功。

第98封信 确信良言，付诸实践

对孩子的教育不能只注重智力和分数，因为决定人生成败或幸福与痛苦的往往不是学问的高低，而是人格的健康水平，行为习惯恰恰是影响人格发展的关键因素之一。

——佚名

亲爱的孩子：

大多数的父亲都不太关心自己的孩子，认为子女的教养都应由母亲来承担。父亲只是满足于给够他们生活费，让孩子接受最基本的教育，上完中学上大学，上完大学出国留学，出国留学找份好的工作，迫不及待地盼望孩子结婚生子，过上他们眼里所谓的“安定的日子”。

女人都是感性的动物，男人则不一样。虽然关心孩子，但是他们往往不知道怎样表达，或者可以说找不到合适的表达方法。有的父母过于溺爱孩子，这样宠坏的孩子，长大之后往往因为一点小事不如意，就会跟父母吵架。有的父母关心孩子的身体健康，把孩子照顾得无微不至，孩子身体高大威猛他们就很满足。还有的父母注重孩子的品行教育，尽量把孩子塑造成具有丰富内涵的人，发现问题及时纠正。而我就是这样的父亲。

孩子，我是那么深爱着你，从你出生以来，我对你的爱就丝毫没有减少过。我尊重你，帮助你，因为在你身上我看到了一切的美好和仁慈，我也盼着你有迷人的魅力，丰富的学识，出众的才干，我希望通过教育，帮你清除掉身上的所有缺点和错误。这里我所指的教育是系统的基础知识教育，因为我坚信，没有坚实的知识作为基础，谈什么都是空中楼阁。只有基础打牢，才能在这之上建立高楼大厦，整座高楼才会熠熠生辉，光彩照人。此外，我希望你有得体的谈吐，优雅的举止，高尚的道德品质，这些是书本上学不到的，为此，你就得接触上流社交圈，在社会的大舞台上磨炼，长见识，遇到问题学会自己拿主意。对此我充满希望，满心向往。

你现在所处的社交圈实在是太小，虽然人们都喜欢你，尊敬你，但是随着对你喜爱程度的加深，我对你担心的程度也在加深。在你以后的人生旅途上，不可预知的危险和诱惑远比你想象得多。因为这个社会太复杂，什么样的人，什么样的群体都围绕在你的周围。

你要时时提高警惕，不要让自己年轻的心受蒙蔽，承受不住诱惑和腐蚀而误入歧途。这就像初升的星辰一样，一旦从天际陨落，就很难再有希望重新冉冉升起。将来，也许你会看到，你曾经的小伙伴，不管身份地位如何，大都会变得思想愚蠢，行为顽劣，经常喝得醉醺醺，不省人事，大庭广众之下打架斗殴。对于这样的人，你应该随时注意与他们保持距离，如果你跟这样的人厮混在一起，那么除了耻辱和不幸以外，什么也学不到，甚至有可能毁掉自己的前途。

不要嫌我啰唆，我是出于对你的爱，出于一个父亲应尽的职责，才这样不时地对你发出忠告。我希望你有一段快乐的青春时光，希望你有聪明的头脑，举止彬彬有礼，是社交圈里受人欢迎、受人尊敬的绅士。将你在上流社交圈的地位小心谨慎地维护好，不要害怕、不要退缩、不要让任何低级无聊的人把你引入歧途，相信我是你坚实有力的后盾。

初入社会的年轻人变坏的可能性极大，社会的状况也是变化多端的。我的孩子，请相信我说的句句是良言，我对你的教育投入了大量的心血，希望你能付诸实践，而不是听听而已。我热切地盼望，我的付出在不久的将来能得到回报。

第99封信　不要胆怯，抵制诱惑

人的一生中，最光辉的一天并非是功成名就那天，而是从悲叹与绝望中产生对人生的挑战，以勇敢迈向意志那天。

——福楼拜

亲爱的孩子：

记得你很小的时候总是惧怕各种小动物。上中学时因为经常被欺负，又害怕学校里的几个坏男孩，甚至不想上学。说实话，那时候我真是为你担心。现在随着年龄的增加，你在这方面变得比原来好多了，不害怕跟陌生人聊天，不害怕独自旅行，不害怕单独跟国王相处，我真是感到很欣慰。但是我希望你在遇到任何事情的时候，能更加从容不迫。

恐惧是人类的大敌。这个魔鬼从过去到现在，都是人类最可怕的敌人，是人类文明事业的破坏者。很多人因为恐惧失败，流于卑贱，丧失了争取幸福的能力，沦为大家眼里的懦夫。长时间处于恐惧状态的人，内心渐渐失衡，容易发怒，脾气暴躁，心理失衡导致生理疾病，甚至导致自杀。比如，有些人有车祸的经历，虽然侥幸逃脱捡回一命，但是车祸发生的瞬间，经历的生死考验，对人的身心产生严重的心理创伤，导致精神紧张，生理规律紊乱。原有的良好修养被破坏了，意志消沉了，身心衰竭的人还能从事正常的工作吗？

伟大的事业不是在恐惧的心情下能够创造的。心怀恐惧、不祥的预感，做任何事情都会畏首畏尾，当然拖拖拉拉浪费时间是不可能有什么工作效率的。有一部小说——《套子里的人》，小说主人公别里科夫对任何事情都充满怀疑恐惧，害怕新鲜事物，害怕社会变革，害怕旧制度的动摇，整天把自己包裹得严严实实，就像生活在蚕茧里的蚕蛹，让自己透不过气，也让别人感到压抑。

像改掉坏习惯一样来改变自己的恐惧吧。不要往恐惧的方面想，更不要让它侵占你的心灵，拿出男人应有的自信和勇气，用积极乐观的精神打败一切恐惧的心理。一个人到地狱之门受审，撒旦问他最害怕什么，他回答“我什么都不怕，甚至死亡也吓不倒我。”结果，撒旦说“你回去吧，我们只接受被恐惧束缚的人。”你看到了吧，即使最让人害怕的地狱也容不下无所畏惧的人。

记住，心想事成，心里想着成功，就会成功；心里想着失败，注定不会成功；心里充满阳光，看到的处处都是阳光灿烂；心里充满恐惧，自然越想越害怕。孩子勇敢些，在被恐惧征服之前一定要先打败它。

第100封信　经营婚姻，慎重真诚

美满姻缘是生活中甜蜜的联合，充满坚贞、忠诚，以及难以计数的有益和牢靠的帮助及相互间的义务。

——蒙田

亲爱的孩子：

我一心想要你获得真正的幸福，所以在你人生的关键时期，我不想要你有任何的失误和遗憾。你不要有任何压力，我也没有责备你的意思，如果你想结婚，我不会有任何意见。现在给你写这封信显得还太早，因为你还太年轻，但是作为你的父亲，我想在你步入婚姻殿堂之前，让你对婚姻有个全面清晰地认识，对你们双方爱的深度有个全面持久的把握。

我认为婚姻是建立在理性基础上的，结婚是件严肃庄重的事情。只有把婚姻当作事业来做的人，他才可以经营一段幸福的婚姻。

没有理解什么是爱情，什么是婚姻，而盲目走向婚姻殿堂的人实在是太多了。有的人被漂亮的外表迷惑，匆忙结婚了；有的人贪恋对方的财产，匆忙结婚了；有的人为了攀附权力，匆忙结婚了；有的人因为向往二人世界的幸福快乐，匆忙结婚了；有的人为了逃离父母的管束，匆忙结婚了；有的人迫于父母的压力，匆忙结婚了……初次体验爱情的年轻人都对爱情充满幻想，一切都是阳光灿烂、风和日丽的。但是婚姻爱情不是靠想象存在的，生活中遇到的挫折都是无法预知的，不可能什么事情都一帆风顺，现实的婚姻生活也一样，不可避免遇到挫折和困难。婚姻的选择必须慎重。

无论怎样选择，上帝总是在你选择时，实行中庸之道，不会让你完美，也不让你完全绝望。我先给你讲个故事吧。有一天，柏拉图问他的老师什么是爱情，他的老师就叫他先到麦田里，摘一棵麦田里最大最金黄的麦穗。期间只能摘一次，并且只可以向前走，不能回头。柏拉图于是照着老师的话做。结果，他两手空空地走出麦田。老师问他为什么摘不到，他说："因为只能摘一次，又不能走回头路，其间即使见到一棵又大又金黄的，因为不知前面是否有更好，所以没有摘；走到前面时，又发觉总不及之前见到的好，原来麦田里最大最金黄的麦穗，早就错过了；于是，我便什么也摘不到。"老师说："这就是爱情。"

之后又有一天，柏拉图问他的老师什么是婚姻，他的老师就叫他先到树林里，砍下一棵全树林最大最茂盛、最适合放在家作圣诞树的树。其间同样只能摘一次，以及同样只可以向前走，不能回头。柏拉图于是照着老师的话做。这次带了一棵普普通通，不是很茂盛，亦不算太差的树回来。老师问他，怎么带这棵普普通通的树回来，他说："有了上一次经验，当我走到大半路程还两手空空时，看到这棵树也不太差，便砍下来，免得错过了最后又什么也带不出来。老师说："这就是婚姻。"

选择一辈子的伴侣，不是为了排遣人生的寂寞，也不是图一时之快，更不是赌博娱乐。婚姻的选择是要与对方相守一辈子，履行一辈子的承诺。所以必须慎重对待，才不会后悔。

爱情和婚姻的发展要长久，必须不断努力地经营。就像花朵需要精心呵护，不断浇灌和维护，否则时间长了就会枯萎死亡。婚姻同样需要两个人的共同努力，用心去感受对方的需要。比如，好好听对方说话，不打断不批评，不用轻蔑挖苦讽刺的语气对待另一半，遇到任何问题都不要逃避。开始相爱时都是美好的，随着时间的推移人都会变得慢慢懒惰起来，爱情婚姻关系中的责任义务都是连续的，所以你对待它也应该是持续不断、充满活力的。不做爱情生活的被动者，做一个主动追求幸福生活的创造者。

亲爱的孩子，用心寻找爱情，精心呵护婚姻吧！祝你一生幸福！